SE VIRA!

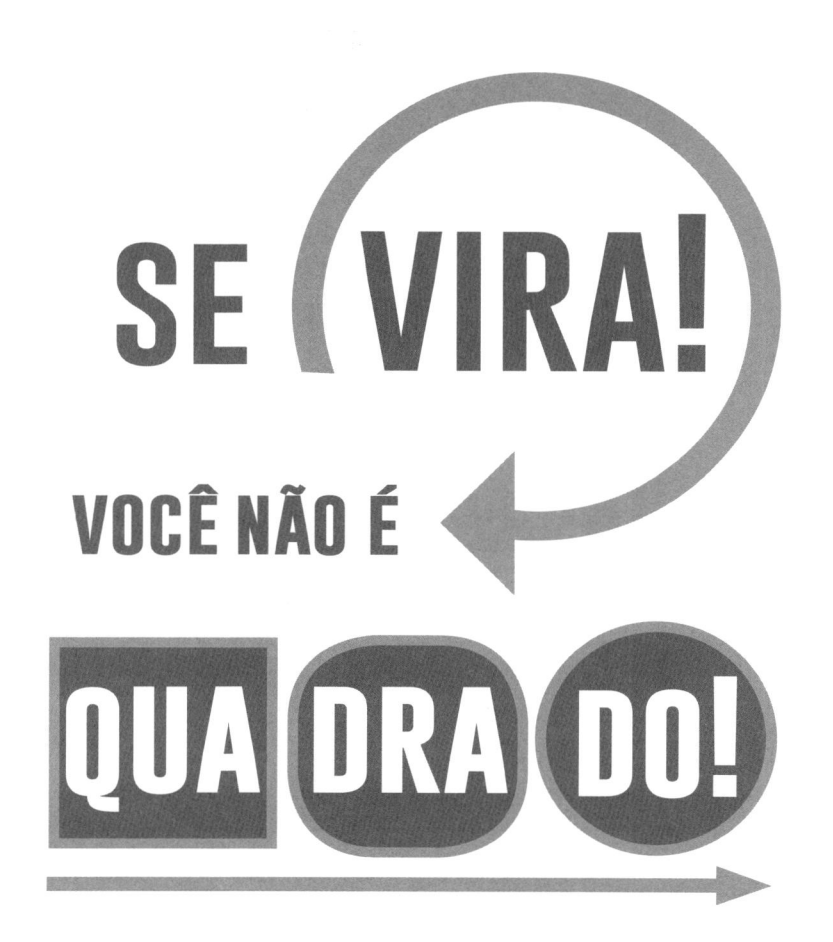

VOCÊ NÃO É QUADRADO!

Copyright© 2019 by Literare Books International
Todos os direitos desta edição são reservados à Literare Books International.

Presidente:
Maurício Sita

Capa, diagramação e projeto gráfico:
Gabriel Uchima

Revisão:
Camila Oliveira e Rodrigo Rainho

Diretora de projetos:
Gleide Santos

Diretora de operações:
Alessandra Ksenhuck

Diretora executiva:
Julyana Rosa

Relacionamento com o cliente:
Claudia Pires

Impressão:
Impressul

Dados Internacionais de Catalogação na Publicação (CIP)
(eDOC BRASIL, Belo Horizonte/MG)

D158s   Damião, Sérgio.
          Se vira! Você não é quadrado / Sérgio Damião. – São Paulo, SP: Literare Books International, 2019.
          16 x 23 cm

          ISBN 978-85-9455-192-4

          1. Vendas. 2. Vendedores. I. Damião, Sérgio.

CDD 658.85

Elaborado por Maurício Amormino Júnior – CRB6/2422

Literare Books International
Rua Antônio Augusto Covello, 472 – Vila Mariana – São Paulo, SP
CEP 01550-060
Fone/fax: (0**11) 2659-0968
site: www.literarebooks.com.br
e-mail: literare@literarebooks.com.br

AGRADECIMENTOS

Aproveito este espaço, com muita alegria, para agradecer às pessoas que, de algum modo, colaboraram para a produção deste livro, quase um capítulo à parte de tanta gente boa que me ajudou.

EM OUTRO PLANO...

À mensagem simples e, ao mesmo tempo, complexa, de Cristo, amor, caridade e de fraternidade entre os homens.

Meus santos protetores Nossa Senhora Aparecida e São Francisco de Assis.

À memória de Dona Teca e Sr. Natanael que, com sua sabedoria e exemplo, nos ensinaram que não somos quadrados, que podemos nos virar, transformando nossas vidas.

FAMÍLIA...

À minha querida esposa Perla Soraya. A meus filhos Fernanda e Joao Victor, pelo apoio, paciência, incentivo e dicas. Vocês são meus motivos diários de vida, junto com Nik e Nina.

Ao meu irmão Sr. Lopes e a toda nossa grande e maravilhosa família, da qual tenho orgulho em pertencer.

AOS AMIGOS...

A Roberto Shinyashiki, por incentivar pessoas na busca de suas potencialidades, tesouros internos para dividir com o mundo, no meu caso, me conduziu ao encontro de pessoas maravilhosas por meio do NP, amigos que tive a honra de conhecer e mantenho positivas, edificantes relações até hoje.

Ao escritor, *coach*, palestrante Gilberto Cabeggi, pela companhia, dicas e aconselhamento neste projeto desde 2014.

Ao palestrante e escritor, Alexandre Slivnik, pelo superaprendizado na imersão em seu treinamento na Disney e, mais ainda, pelo incentivo e gentil introdução deste livro.

Aos especialistas que gentilmente mandaram contribuições para o livro, agregando imenso valor ao tema atendimento, Alessandra Canuto, Alexandre Lacava, Cesar Buaes Dal Maso, Gilberto Cabeggi, Marcio Silva, Mauai Mauro Henrique Toledo e Simone Simon.

A Fabio Mestriner pelas dicas, incentivos e pela história com José Roberto Guimarães, da qual me apropriei.

Às psicólogas Ingrid Arantes de Souza e Silvia Mitie, pela especial consultoria.

À Margareth Miraglia, pelas dicas e alinhamentos.

A Alevir Francisco, Alexandre Diogo, diretor e presidente do IBRC pelo suporte nos dados e pesquisas.

À família Schmitt, ao Sr. Arno, Luiz Henrique, Julio, especial ao Marco Schmitt que, além do incentivo, contribuiu com dicas valiosas para os leitores.

A toda a equipe da Box Print no Rio Grande do Sul, representantes de todo o Brasil, a equipe comercial de São Paulo, todos referências em atendimento, orgulho de pertencer a este time há 15 anos.

Aos amigos leitores críticos que, com suas dicas e observações, ajudaram-me no direcionamento do tema e escolha do subtítulo, que, aliás, foi sugerido pelo Rodolpho Gonçalves.

A Eduardo Petry, nossas trocas de ideias nas viagens contribuíram muito para o "Se vira".

Aos amigos do Senai Theobaldo de Nigris, onde a paixão por artes gráficas e embalagens começou.

Aos amigos gráficos e "embrulhões", na definição do mestre Lincoln Seragini, pela alegria em estar inserido no contexto do segmento de embalagens, pessoas com quem convivi e muito aprendi nas últimas décadas.

Aos amigos das empresas que compõem o Fórum de Soluções Integradas e, juntos, há 16 anos, promovemos um evento que é ponto de encontro no mercado, case de sucesso e referência em atendimento.

Aos amigos e clientes dos segmentos: farmacêutico, cosmético, alimentício, veterinário, entre outros, de todo o Brasil, que me abriram portas e oportunidades nos últimos 35 anos.

Aos amigos Dinossauros, que juntos nos viramos e nos divertimos há 55 anos.

A Mauricio Sita, presidente da Literare Books, Julyana Rosa, Claudia Pires e equipe, por acreditarem no projeto, pelas dicas e oportunidade de me lançar no universo literário.

Ao palestrante e educador Tom Coelho, por dividir comigo sua experiência literária e carreira, e nos inspirar com sua luta pessoal.

A todos, a palavra que transforma, energiza o mundo e as relações: gratidão!

Introdução..9

1 - Se vira, você não é quadrado!.................................15

2 - Você consegue..17

3 - E o que isso tem a ver com o atendimento ao cliente?...................19

4 - Os clientes abandonam as empresas.......................25

5 - Está configurada a dura realidade...........................27

6 - Você já pensou que os seus resultados
    poderiam ser melhores?..33

7 - O que leva um cliente a abandonar uma empresa?........................37

8 - Por que as pessoas atendem mal?...........................45

9 - Melhorar o atendimento ao cliente é a solução..............................49

10 - Então, o mau atendimento tem solução?................65

11 - Conhecimento...67

12 - Entendimento..77

13 - Atendimento..83

14 - O que o cliente valoriza...85

15 - Negociação...89

16 - Tudo começa com conhecer o seu negócio..........101

17 - Times de sucesso..107

18 - Os organizados vencem..115

19 - Taxa de conversão: uma ferramenta de uso diário...................123

20 - O CRM como ferramenta de organização............................125

21 - Alguns outros pontos a considerar no
     atendimento ao cliente..129

22 - Aprender a gostar do que faz...139

23 - Pontos importantes para o profissional de vendas.................145

24 - Decifrando o mercado, praticando a adequação
     do produto ao uso..147

25 - Uma conquista a cada dia...151

26 - Fazer tudo!..155

27 - A magia no atendimento fazendo a diferença.....................159

28 - O propósito que faz a diferença.....................................173

29 - Deixe o sol brilhar..175

30 - Reinventar a roda todo dia..177

31 - Declaração universal do "Se Vira"................................179

32 - Uma jornada cuja recompensa não tem preço..................181

Referências..183

Introdução
ENCANTAMENTO DE CLIENTES: ESTRATÉGIAS PODEROSAS PARA MULTIPLICAR RESULTADOS

Por Alexandre Slivnik

Com muita alegria recebi o convite do querido Sergio Damião para escrever a introdução deste livro que, já pelo título, promete ser marcante para todos que querem entender ainda mais essa deliciosa e estratégica temática que é o encantamento de clientes.

Independentemente do porte de uma empresa, se ela começou as suas atividades agora, ou anda de mãos dadas com aquelas que já estão no mercado há um bom tempo, ter colaboradores que sabem encantar clientes e proporcionar um atendimento eficaz e humano é fundamental para perpetuar a atividade.

Sempre acreditei que o encantamento do cliente externo é uma consequência do encantamento do cliente interno. Se o colaborador não estiver motivado para desempenhar as suas funções, dificilmente o público externo sairá encantado. Para que o atendimento com excelência aconteça, os colaboradores precisam de voz e autonomia — isso é dado por um líder que confia em sua equipe.

Quando alguém toma a responsabilidade para si, sente-se protagonista da história e se compromete mais com o resultado. E o melhor de tudo é que isso não dá retorno somente para a empresa, mas também para o funcionário, que sente que a sua contribuição faz de fato diferença na organização.

Outra maneira de favorecer o papel de protagonista dos colaboradores é fazer com que eles participem das tomadas de decisão. Claro que nem sempre é possível fazer como na Zappos, empresa americana que vende calçados online, em que os cargos foram extintos. Contudo, sempre é possível comunicar os objetivos da organização e mostrar como cada um é importante para alcançar resultados. Compartilhar as ações e as estratégias é uma forma de fazer com que todos tenham vontade de ajudar a remar.

Engana-se quem pensa que isso possui um alto custo. Com baixo orçamento, O Boticário, por exemplo, realizou uma campanha bonita e simples para alinhar cultura e engajamento com os seus cinco mil funcionários. O RH pediu que todos os funcionários pintassem as palmas das mãos e carimbassem em um grande mural branco. A ideia era que cada um deixasse a sua marca pessoal na empresa, e que todos juntos formassem o grupo Boticário. Como resultado, conseguiram enaltecer o sentimento de pertencimento à empresa, fazendo com o que o grupo crescesse ainda mais.

Pessoas que acreditam no que fazem trabalham mais e melhor e, consequentemente, são mais produtivas. Portanto, a cultura da empresa tem que se tornar motivadora, fazendo com que os seus colaboradores sintam que podem ter um futuro dentro da companhia.

Coloco abaixo cinco macrodicas para que o encantamento de clientes na sua organização aconteça:

1) O que diferencia uma boa de uma excelente empresa é justamente a sua cultura, ou seja, a forma como são feitas as coisas. Uma cultura forte faz com que os funcionários trabalhem com mais prazer, tendo como consequência um ótimo atendimento ao cliente, resultando em um maior rendimento e crescimento da empresa;

2) Para vender algo ou ofertar uma experiência marcante, por meio de um ótimo atendimento, é preciso acreditar no produto ou serviço, por isso é tão fundamental conquistar o colaborador e engajá-lo;

3) Se o cliente externo é importante porque é ele quem compra os produtos que a sua empresa fornece, por outro lado, o cliente interno tem um lugar estratégico, pois ele é a interface da organização com o seu público-alvo;
4) A empresa que consegue bons resultados e oferece mais do que salários deve ter metas claras, transparentes, e acreditar naquilo que faz;
5) As pessoas já não compram mais em um lugar apenas porque o preço é mais baixo do que em outro. Elas precisam se sentir bem consumindo determinada marca ou serviço.

Tentar oferecer a melhor experiência deveria ser a regra para todas as empresas, porém sabemos que nem sempre isso é possível. Para tanto, saber lidar com clientes insatisfeitos é extremamente estratégico para todas as organizações, independentemente do porte ou segmento. Para aqueles clientes que não estão satisfeitos com o atendimento ou produto adquirido, há duas saídas: a primeira e mais desastrosa é optar por simplesmente nunca mais voltar a comprar nada daquela empresa. A outra é reclamar para ver se acontece alguma mudança. Então, é preciso deixar de lado a antiga mentalidade de que "cliente que reclama é chato". Cliente que reclama está dando a oportunidade de mostrar o valor da empresa!

Entender o que houve e ouvir o cliente são dois pontos fundamentais para começar a reverter a situação. É preciso acolher o cliente. Não discuta. Acalme-se, respire fundo e retome o diálogo calmamente para entender o que ele realmente necessita e o que você pode fazer por ele. Lembre-se da importância da empatia!

Entretanto, se o cliente, mesmo por um problema causado por ele, manifestar-se de forma negativa, é preciso rever como foi a experiência em adquirir o produto ou serviço. Muitas vezes, pode ter ocorrido uma discordância durante o processo da compra ou algo não ficou exatamente claro. É preciso alinhar as expectativas. Nesses casos, reforce o compromisso da empresa e, se possível, absorva o prejuízo. Melhor perder em uma etapa do que comprometer toda a imagem, mesmo porque o caso, justo ou injusto, pode ganhar proporções gigantescas com a ajuda das redes sociais.

Para todos os casos, recomendo fortemente que as empresas utilizem o método *last* para reverter adversidades, que já foi aplicado por diversas empresas e pode ser facilmente adotado na nossa realidade. *Listen* (escute sempre genuinamente o que o seu cliente tem a dizer); *apologize* (peça desculpas, mesmo que você não esteja errado. Muitas vezes, o que ele quer é apenas que a empresa reconheça um problema); *solve* (resolva o problema do cliente imediatamente, não terceirize responsabilidades); *thank* (agradeça a reclamação). Assim, o cliente vai se sentir importante e voltará sempre a fazer negócios com a sua empresa.

Esse cenário de adversidades é uma grande oportunidade para que as empresas mostrem o seu posicionamento para o consumidor. É preciso ir além das habilidades técnicas e selos de qualidade conquistados ao longo do tempo. Algo extraordinário e humano precisa ser feito para que volte a despertar a confiança perdida.

A concorrência tende a ficar mais forte a cada momento e, por isso, as empresas precisam buscar meios criativos para oferecer experiências marcantes para os seus clientes. Esse conjunto de ações, que visa a fidelização, atrai mais consumidores, e quem já conhece o serviço ou produto torna-se fã e até advoga em prol daquela marca.

Para transformar esse ideal em realidade é preciso ter que ajustar alguns pontos e rever questões que envolvem engajamento, equipe e liderança. Os gestores devem questionar se os seus colabores estão treinados e motivados para criar uma conexão emocional por meio da empatia, o que significa entender a necessidade do cliente e se colocar no lugar dele para analisar como deve seguir com o atendimento.

A fidelização é um tema muito presente em todas as empresas, dos mais diversos portes e segmentos. Gosto de mencionar o exemplo do que acontece em Orlando. Cerca de 90% dos hóspedes que estão nos hotéis da Disney já se hospedaram por lá antes. Cerca de 70% das pessoas que estiveram nos parques estão visitando o local novamente. Quem é fã traz novos clientes. A prospecção ocorre de forma natural e praticamente instantânea. Isso faz com que a sua marca, serviços e produtos sejam desejados e buscados.

Esse é um clássico exemplo de como a técnica pode ajudar as empresas a se perpetuarem no mercado. A partir daí, atinge-se uma alta taxa de fidelização, permitindo até mesmo diminuir os investimentos em marketing e destinar verba para treinamento e disseminação da cultura corporativa, peças fundamentais para o sucesso desse processo.

Mas por onde começar? Como explicado acima, o encantamento do cliente interno (colaborador) é o primeiro passo para que a fidelização ocorra com sucesso. Na esmagadora maioria das vezes, os gestores focam somente no consumidor, que compra e garante a continuidade dos negócios, mas esquecem de olhar com carinho para os colaboradores. Quando encantamos a equipe, fica mais fácil a execução do trabalho de forma comprometida e alinhada à cultura da empresa. Isso gera venda, recursos, e faz a magia acontecer.

Para finalizar, elenco quatro dicas fundamentais e que devem ser seguidas caso você queira conquistar a fidelização na sua empresa:

1. Engajamento da equipe – a essência do negócio está na forma como o colaborador atende o cliente. Os pequenos detalhes fazem a grande diferença;

2. Antecipar-se aos problemas – muitas vezes, os colaboradores têm medo de encarar os problemas e resolvê-los. O que os líderes precisam fazer é encorajá-los para que tudo possa ser tranquilizado, tornando o desconforto cada vez menor;

3. Criar empatia – isso significa entender a necessidade do consumidor, se colocar no lugar dele. Eu olho o problema do cliente como oportunidade de mostrar o meu valor e a minha competência, e, assim, consigo criar a empatia. Isso gera resultado, empatia e vendas. Por isso, o grande valor das empresas está nas pessoas que as representam;

4. Criar conexão emocional – fundamental para as empresas que desejam prosperar e se firmar no mercado de hoje, e isso significa criar experiências inesquecíveis. O cliente sai, mas ele pode indicar para outras pessoas e falar bem do seu atendimento ou produto. Ele fará o *marketing* e irá prospectar novos clientes.

Agora é com você! Tenho a certeza de que, com as ótimas dicas deste livro, você conseguirá realizar voos mais altos, transformando clientes em fãs e conquistando resultados extraordinários.

Alexandre Slivnik
(www.slivnik.com.br)

SE VIRA, VOCÊ NÃO É QUADRADO!

O mundo hoje está repleto de pessoas que não decidem. E quando decidem, não agem. Não decidem e não agem, porque não se consideram capazes de resolver alguma situação. Ficam esperando que os outros resolvam por elas. Porém, dessa maneira, delegam aos outros os louros da vitória.

Para quem quer de verdade vencer na vida e fazer uma diferença, eu tenho um simples, mas totalmente eficaz, conselho: "Se vira, você não é quadrado!".

Essa frase eu ouvi muito do meu falecido e saudoso pai, o "Seu Natanael", que a utilizava no seu dia a dia para responder perguntas das quais ele tinha certeza de que os outros sabiam ou deveriam buscar a resposta. A intenção dele, ao responder uma pergunta com esse bordão, era justamente provocar, gerar uma reflexão que levasse as pessoas a extraírem uma resposta de seu interior.

E não é assim que acontece no nosso dia a dia? Quantas vezes a resposta que procuramos está em nós e continuamos, insistentemente, a cobrá-la de alguém ou do mundo?

Foram muitas as vezes em que eu, por reflexo ou preguiça, acabava perguntado a ele: "Pai, como se faz tal coisa?", ou "Onde está determinada coisa?" E ele, com um sorrisão nos lábios, dizia: "Se vira. Você não é quadrado!".

SE VIRA! VOCÊ NÃO É QUADRADO!

Os meus pais têm uma rica história de vida e superação. Migrantes nordestinos que largaram a terra natal em busca de oportunidades na "capital"; uma vida de luta, dificuldades, com direito a muitos reveses, como em todas famílias; perdas de entes queridos, uns de maneira trágica e em idades precoces; crises financeiras e familiares.

O velho era um sábio. Sem formação acadêmica, mas com PhD na vida, um mestre na mecânica de autos e relacionamentos. Criou uma família de cinco filhos e ajudou mais um exército de amigos e parentes que dele precisavam.

Em uma das fases mais difíceis, perdeu o emprego. No subemprego, sofreu um acidente, quase perdeu a mão. As coisas ficaram complicadas, mas ele nunca perdeu o sorriso, a disposição. Passou a sua vida inteira se virando e jamais deixou que qualquer limite o impedisse de prosseguir, de buscar uma saída. E foi isso que muito me inspirou.

Lembro-me como se fosse hoje... Eu deveria ter uns 12 anos, saía da escola, a minha mãe preparava uma marmita que eu levava de ônibus até o local onde ele trabalhava desmontando ônibus sucateados e separando as placas de aço e ferro para vender. Ele me recebia com um sorriso, sempre de camiseta regata branca, apesar do ar cansado, meio que desolado, lavava o rosto, sentava numa mesa improvisada, junto com o meu irmão Natinho, que já tinha idade para ajudá-lo, e os dois silenciosamente comiam.

Eu observava calado aquela figura imponente, o rosto queimado de sol, um olhar de quem tinha a certeza de que a fase ruim iria passar, que iria dar a volta por cima, que já estava se virando e o melhor haveria de vir.

VOCÊ CONSEGUE

Aprendi que a frase "Se vira, você não é quadrado! Você consegue!" tem no seu núcleo uma mensagem forte, que nos leva a pensar em saídas, movimentos, soluções. Passei a repetir esse modo de pensar, especialmente quando pensava em fraquejar.

Muitas vezes, em diversas situações da minha vida pessoal e profissional, eu me transporto para aquele momento único com o meu pai, ganhando forças e lucidez para "me virar" e resolver a situação. Então, eu parto para a ação, antes de reclamar ou lamentar.

Passei a me virar, entendendo que nada me limitava, muito pelo contrário, que o mundo está aí, de portas e braços abertos para receber aqueles que se dispõem a fazer diferente, acreditar que é possível, se tornarem realizadores de suas obras, marcando a sua passagem na vida com uma história de sucesso.

Por que estou dizendo isso tudo a você? É simples. Porque acredito que essa é uma forma de pensar que leva ao sucesso em qualquer área de atuação. Por isso, quero dividir com você essa forma de motivação, pois isso vai influenciar a sua maneira de olhar para tudo o que vamos falar neste livro.

Sou imensamente grato ao meu pai, por ter me inspirado a ser uma pessoa e um profissional incansável na busca por mais, pelo

SE VIRA! VOCÊ NÃO É QUADRADO!

melhor, me virando, ultrapassando obstáculos, ampliando limites na vida. Afinal, "se virar", para mim, é dar um giro de 360 graus sobre o meu eixo, observar a situação por vários ângulos e tomar uma iniciativa na direção da resolução, seja qual for o problema.

A única pessoa que pode impedi-lo de fazer algo é você e o seu medo de "se virar". Por isso, gosto também de uma frase que circula nas redes sociais: "Se tiver medo, busque a coragem dentro de você. Se não encontrar, vá em frente com o medo e tudo".

Além da frase "Se vira", o meu pai me deixou outro legado, que aprendi ao observá-lo em muitas outras situações. Ele tinha uma posição bem definida sobre o outro lado, sabia ouvir as pessoas de maneira atenta, concentrada — uma grande dificuldade da maioria das pessoas hoje em dia, pois mesmo antes de ouvir, já estão pensando em uma resposta para a pergunta que ainda nem mesmo veio.

O meu pai aceitava o outro do jeito que era, e sabia, como ninguém, com base no conhecimento, no entendimento, servir melhor e atender a todos muito bem. E trazer essa lição para o mundo profissional fez com que eu descobrisse também a grande serventia que ela tem em todos os ramos de negócios.

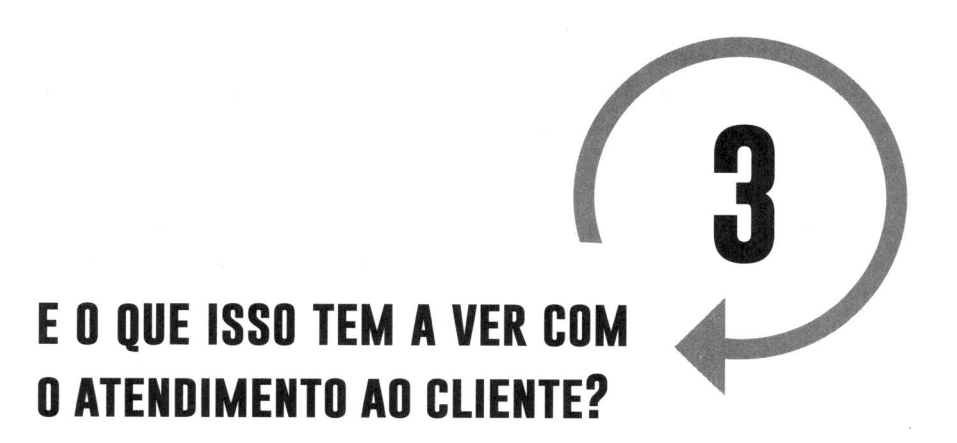

E O QUE ISSO TEM A VER COM O ATENDIMENTO AO CLIENTE?

É aqui que essa história se encontra com o tema deste livro, ou seja, o bom atendimento a quem está do outro lado da mesa – que pode ser um ente querido, um filho, a esposa, um amigo, seu par no trabalho e, claro, o seu cliente.

Descobri que conhecimento e entendimento formam uma sequência de etapas na direção do bom atendimento. Não estou me referindo apenas às relações profissionais, ao mundo corporativo.

Observe que na nossa vida pessoal, nas nossas relações familiares, amizades, essa sequência se evidencia e a evolução nos leva a exercer com maior efetividade o ato de "servir", ação que nos ensina muito mais do que ser servido. Sob o ponto de vista cristão, essa com certeza, a nossa maior missão durante a passagem pela vida. Somente por meio do conhecimento chegamos ao entendimento mais amplo do outro e, então, nos tornamos capazes de atendê-lo melhor.

Durante a minha vida profissional entendi que, diante de um cliente, independentemente de produto ou serviço, o que mais sensibiliza o outro lado é um comportamento equilibrado, gentil, atento, claro, objetivo, demonstrando uma vontade sincera de ajudá-lo a resolver o seu problema.

Atender bem é conquistar o outro primeiro pela forma de ser e, a partir daí, somar o conhecimento específico do produto ou serviço, do ambiente de negócios, de sua concorrência e, claro, dele, seu cliente. Com isso, você potencializa todas as chances de ser bem-sucedido em todos os seus projetos e negociações.

O conhecimento vem de todas as informações que recebemos ou temos contato durante a nossa trajetória de vida, seja por estudo formal ou por vivência, e se incorpora ao nosso perfil pessoal. Assim, aprimoramos a nossa capacidade de entendimento.

À medida que se expandem o nosso conhecimento e o nosso entendimento, também se ampliam os nossos horizontes, melhoram o nosso poder de análise e comparação e, por que não dizer, o nosso julgamento sobre as mais diversas questões em que diariamente estamos envolvidos.

O conhecimento nos invade quando lemos um bom livro, estudamos um determinado tema, ouvimos palestras, participamos de cursos, mas também quando temos um olhar mais atento para os eventos do nosso dia a dia, quando captamos a mensagem de uma canção, de um filme, uma peça de teatro e até mesmo quando saboreamos determinada comida num local diferente, em outro país, numa situação nova.

Também crescemos em conhecimento e entendimento quando abraçamos de maneira sincera uma pessoa, quando beijamos carinhosamente o outro — eventos emocionais que nos trazem sensações, muitas vezes indescritíveis, mas que nos dão também o conhecimento sobre o outro e sobre nós. Os nossos caminhos na vida, os encontros, e até os desencontros são, no fundo, grandes fontes de conhecimento.

Os meus caminhos profissionais sempre tiveram uma interseção com a área comercial, e foi nessa que encontrei as minhas melhores fontes de aprendizado.

A partir do momento em que entrei no segmento gráfico, me apaixonei pelo setor de embalagens, passei pela área técnica, em setores de qualidade, planejamento e gerência de produção, depois migrei para a área comercial, onde finquei raízes durante mais de 30 anos.

Atuei como representante, gerente comercial, diretor comercial e, hoje, há mais de 15 anos como administrador comercial, em uma das maiores empresas do segmento no Brasil, Grupo Box Print, sem dúvida, a melhor empresa em que já trabalhei, levando em conta o modelo de gestão completamente alinhado com o que há de mais moderno em termos de administração, gestão de inovação e pessoas. Pude aprimorar os meus conhecimentos, lapidar a visão do que realmente significa atender bem.

Guardo uma boa lembrança de superação no atendimento ao cliente. Nos anos 1980, eu trabalhava em uma empresa que foi uma grande escola para todo o setor gráfico: a Niccolini. Nessa empresa era uma tradição de final de ano distribuir entre os clientes um calendário personalizado, desenvolvido por um dos artistas que mais entendiam de cor no mundo: Fred Jordan[1] – que muito me ensinou sobre nível de exigência e excelência.

Certa vez, indo para visitas na região do Vale do Paraíba, já próximo a um pedágio, descobri que havia esquecido a minha carteira e estava sem dinheiro nenhum, naquele tempo em que não havia o "Sem Parar" e nenhuma das novas tecnologias que desfrutamos hoje, que poderiam me permitir passar pela cancela. A saída foi reduzir a velocidade e tentar abordar alguém, explicar a situação e pedir dinheiro para o pagamento do pedágio.

Não demorou muito, um casal simpático – de mais idade, junto com uma criança que parecia ser a netinha – gentilmente parou, expliquei a situação, pedi o valor do pedágio de ida, pois com certeza os meus clientes me ajudariam com a tarifa da volta. Deixei o meu cartão e disse que no dia seguinte depositaria o valor em conta bancária indicada por eles. Em retribuição à gentileza, entreguei a eles um exemplar do famoso calendário de Fred Jordan.

Segui em frente, paguei o pedágio e, para a minha surpresa, o casal veio atrás do meu carro, piscando os faróis e pedindo para que eu parasse. Parei no acostamento e desci do carro, meio que sem entender. O senhorzinho desceu do carro e, efusivamente, veio em minha direção com uma nota de R$ 50 na mão e disse:

"Sergio, este calendário é sensacional! Aceite este valor para pagar a ida e a volta de sua viagem. Muito obrigado!".

Pensei comigo: "Nossa, parece que superei as expectativas daquele casal!".

---
1 sobre Fred Jordan:
 http://www.scielo.br/scielo.php?script=sci_arttext&pid=S0103-40142001000100018

SE VIRA! VOCÊ NÃO É QUADRADO!

Pois bem, a conclusão a que cheguei naquele momento foi de que o nosso maior diferencial é superar as expectativas de quem está do outro lado. Em todos esses anos atendendo pessoas, parceiros, clientes, percebi e comprovei que, para que isso ocorra, existe um círculo virtuoso que devemos seguir para garantir um atendimento cada vez melhor a todos com quem nos relacionamos. Veja esta representação a seguir:

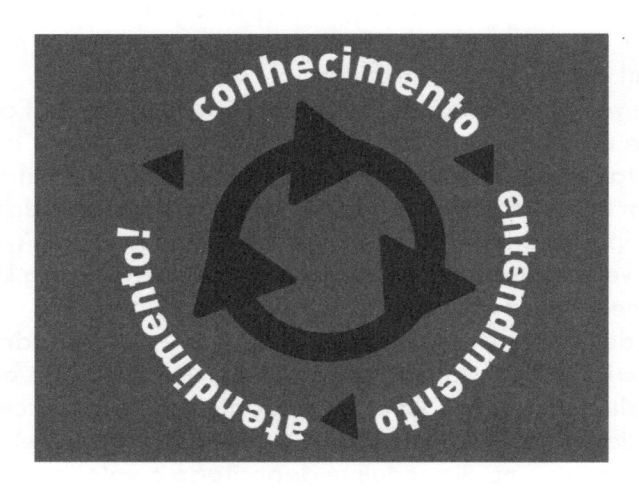

(figura: círculo virtuoso — conhecimento → entendimento → atendimento!)

- Conhecimento e entendimento formam uma sequência de etapas na direção do bom atendimento.
- Esse círculo se autoalimenta e nos leva a uma condição de atendimento de excelência em tudo o que fazemos.

Como fazer isso? Talvez essa seja a sua próxima pergunta.

Neste livro, pretendo dividir com você, leitor, a minha tese sobre o bom atendimento. São impressões, dicas com base em minha experiência prática na área comercial, um método simples que executo diariamente, há muitos anos. Requer apenas disciplina, persistência e, acima de tudo, disposição, entusiasmo para elevar, aprimorar o padrão de atendimento e, com isso, obter melhores resultados na sua vida pessoal e na profissional, gerando mais e melhores negócios.

Quer saber se acredito que você vai saber fazer essas técnicas funcionarem na sua vida? É claro que acredito, coloque mãos à obra para construir o seu sucesso e, no final do livro, você entenderá o sentido da frase: "Depende de você deixar o Sol brilhar!".

Como você vai fazer isso funcionar na sua vida? Aqui respondo com a frase que o "Seu Natanael" sempre dizia: "Se vira, você não é quadrado! Você consegue!".

OS CLIENTES ABANDONAM AS EMPRESAS

Estamos vivendo novos tempos, em que a velocidade, a dinâmica e o ritmo são muito duros e nos exigem um comprometimento, muitas vezes, além do que nos sentimos capazes de dar. E não será diferente daqui para frente. O mundo ganhou uma dinâmica, uma velocidade de mudanças nunca antes experimentada, e a tendência é que isso permaneça.

Hoje, os acontecimentos se propagam de maneira rápida, exigindo dos profissionais um nível de concentração e controle muito maior para receber, captar e responder às inúmeras questões diárias, que vão desde um pedido de informação, a resposta sobre um projeto, um prazo de entrega, um agendamento de visita etc.

Diante disso, o profissional moderno tem que ser polivalente, equilibrado e concentrado para poder dar conta de tudo e controlar a sua situação, o seu dia a dia pessoal e profissional.

Como nem todas as pessoas têm a mesma capacidade de concentração e reação, o que vemos em diversos campos da vida moderna é simplesmente uma inoperância individual, gerando deficiência ou insuficiência de informação, que leva à inevitável e previsível queda no nível de atendimento ao cliente. E quando você menos espera, o seu negócio, a sua venda e o seu mercado estão em risco.

SE VIRA! VOCÊ NÃO É QUADRADO!

Os processos passam a ser regidos de fora para dentro, o prazo puxando a entrega, as urgências virando prioridades diversas. Metaforicamente, "o rabo balançando o cachorro".

E no meio desse cenário estamos nós, profissionais, muitas vezes paralisados, não sabendo por onde começar, que direção seguir. Sabemos apenas que tudo e mais alguma coisa são urgentes, "para ontem", e que temos que dar conta. Muitas vezes, a qualidade da informação do processo acaba ficando em segundo plano, com grande risco de perdas — em especial aquelas que têm a ver diretamente com o nosso maior patrimônio: o nosso cliente.

Está configurada a dura realidade

Apenas relacionando alguns dos desafios que rondam um profissional no dia a dia de trabalho — que refletem na qualidade do atendimento ao cliente — e que ele precisa enfrentar para sobreviver e, mais ainda, crescer em sua carreira, podemos citar:

O FENÔMENO DOS NOVOS TEMPOS NO TRABALHO E NA VIDA PESSOAL

O fenômeno da globalização transformou radicalmente a nossa vida. Fatos que ocorrem de um lado do mundo em poucos minutos são de conhecimento de todos. Fortunas virtuais se multiplicam tendo como referência índices não palpáveis e virtuais que são, se desfazem num curto espaço de tempo, levando junto grandes instituições e megainvestidores. Bilhões somem no ar, como num passe de mágica. E muito mais acontece a cada segundo, em cada parte do planeta, nos deixando atônitos, pasmados e, muitas vezes, imobilizados.

Da mesma forma, à velocidade da informação no mundo corporativo, novos produtos são lançados. Para se ter uma ideia, no segmento em que atuo, aproximadamente 300 mil novas embalagens são lançadas anualmente, algo em torno de 890 por dia. No Brasil, são aproximadamente 14 mil ao ano, ou 40 por dia (Fonte: ESPM Núcleo de Embalagem).

Campanhas são iniciadas em tempos recordes, visando inundar o consumidor de informações, promoções, ofertas, forçando-o a escolhas com base em uma série de atributos, por vezes, dúbios, de difícil assimilação, não decodificados para cada classe compradora, fato que confunde e desarma a parte vendedora.

Um produto é vendido, acontece uma baixa automática na loja, gerando um *input* para o distribuidor, que repassa rapidamente ao fabricante, que da mesma forma repassa para a sua cadeia de suprimento, buscando uma veloz reposição. Nesse ambiente, o chamado *lead time*, ou seja, o ciclo completo desse processo, despreza, por vezes, a coerência necessária e passa a ser regido pela crença de que "venda adiada é venda perdida".

A vida atual nos exige muito mais do que sentimos ter condições de oferecer, a uma velocidade que nem sempre temos condições de cumprir. Isso gera estresse e frustração.

A ACOMODAÇÃO QUE IMPEDE A MELHORIA

Em algum momento, encurralado por sua própria e difícil realidade, o ser humano, aos poucos, acaba perdendo o ímpeto de lutar, buscar melhorias, fazer planos, sonhar.

E quando isso acontece, a acomodação chega. Como uma bola de ferro em nossos pés, passa a impedir o nosso movimento, nos prendendo a correntes imaginárias que precisam de muita determinação, foco e iniciativa para serem rompidas.

O ACÚMULO DE FUNÇÕES E RESPONSABILIDADES

Este é o cenário atual: um consumidor ávido por produtos e serviços nos mais diversos segmentos, uma concorrência grande que exige de todos os departamentos uma velocidade maior no entendimento do consumidor, gêneros, tendências, opiniões e, claro, estratégias para fortalecer e diferenciar marcas e produtos.

Ao mesmo tempo em que o número de opções aumenta, com uma grande quantidade de lançamentos, aumenta também a disponibilidade de produtos e serviços ofertados, que na contramão do tempo, cada vez menos disponível para essa atividade, transformam os nossos dias numa sucessão de caos, porque temos que decidir cada vez mais, em menos tempo.

AS DEFICIÊNCIAS DE ATENDIMENTO EM PRODUTOS E SERVIÇOS

Neste momento surgem as deficiências de atendimento, e não são poucas. No fundo, muitas vezes, essas começam dentro da própria empresa, na cadeia interna que leva do fornecedor ao cliente. Afinal, o atendimento não é um privilégio único de um ambiente de compra e venda. Dentro de cada fase do processo, de qualquer produto ou serviço, temos compradores, vendedores e atendimento envolvidos.

Devemos levar em conta, por exemplo, o fato de que a negociação de um primeiro prazo de entrega de um produto passa, necessariamente, pelo crivo de uma área de PCP – o Planejamento e Controle da Produção. Nessa cadeia interna, não estaria o PCP baseado nas informações recebidas da área de planejamento de vendas? E essa não nasceu com a informação do departamento comercial? Em outras palavras, são vínculos atrás de vínculos, formando uma grande corrente, com elos que, se não forem bem ajustados, podem gerar a deficiência e seu rompimento.

A DIFICULDADE DE ANÁLISE DO MELHOR CAMINHO, DA MELHOR ESTRATÉGIA

Num ambiente movido por uma grande nuvem de conturbação, mudanças constantes em função da dinâmica do mercado, prazos cada vez mais curtos, definir o melhor caminho, traçar a melhor estratégia são os grandes desafios de qualquer gestor em qualquer tipo de segmento.

E não se trata de uma tarefa fácil, haja visto que estamos envolvidos em várias frentes diárias de trabalho, um sem número de prioridades e que, em algum momento, se cruzam e essa intersecção acaba dificultando as nossas ações, escolhas.

O EXCESSO DE AGENDAS, COBRANÇAS E COMPROMISSOS

O fato de estarmos o tempo todo ocupados, preocupados, ou pelo menos de nos sentirmos assim ofusca as nossas metas e objetivos, gerando desorganização e ineficiência na busca de resultados.

Independentemente do seu ramo de atividade, com certeza você tem um acúmulo de atividades diárias. Sim, porque a velocidade dos novos tempos trouxe para toda cadeia de atividades a necessidade de uma reação rápida às demandas. São mais relatórios, pesquisas, reuniões, planos, metas, cobranças. Junte a esse cenário um habitual acúmulo de funções, uma implantação de um novo sistema, uma queda já comum do mesmo sistema, ou *internet*, e aí, de fato, a situação se complica.

O EXCESSO DE CONFUSÃO, COMPLICAÇÕES E DESORGANIZAÇÃO NO DIA A DIA

Dizem por aí que "quanto maior a confusão, mais próxima está a solução". Mas será mesmo?

Na minha opinião, a confusão é fruto de um eterno e crônico problema de comunicação que se potencializa nos processos, gerando, nas diversas etapas do planejamento, um sem fim de idas e vindas, ampliando ainda mais o cenário de descontrole.

O EXCESSO DE INFORMAÇÕES GERANDO SOBRECARGA MENTAL

Neste momento, o acúmulo de funções e responsabilidades para aqueles que não têm um método, um bom sistema de controle e, principalmente, foco, acaba gerando uma sucessão de atropelos, um descontrole entre o que é prioritário e o que é pendência. E o resultado disso, para a pessoa e para a organização, é que as deficiências de atendimento em produtos e serviços se tornam evidentes, a administração passa a ser regida não por prioridades, mas, sim, por urgências.

Então, não tenha dúvidas de que, em breve, o fenômeno da desorganização estará evidente em cada elo do processo e, a partir daí, a dificuldade de análise do melhor caminho, da melhor estratégia se tornará cada vez maior.

Nesses casos, encontrar a solução será um processo cada vez mais difícil de acontecer, devido a uma série de desvios, atalhos e armadilhas dos processos, que se tornarão uma tônica na vida do profissional e da empresa.

Neste cenário é que se distinguem os bons profissionais, aqueles que têm disciplina, senso de equilíbrio, resiliência, persistência e que não se deixam intimidar pela situação. Do outro lado estarão aqueles que não dominam as suas emoções, não se conhecem, e só por esse motivo já demonstram que terão dificuldades dentro desse contexto.

A EXISTÊNCIA DE PESSOAS QUE "NÃO SE VIRAM" PARA RESOLVER OS PROBLEMAS DO CLIENTE

Diante de tantas dificuldades, as pessoas passam a pensar que "são quadradas" e que, por isso, não conseguem "se virar" e se mover na direção de um atendimento de excelência ao cliente.

Nessa situação de caos aparente, o grande prejudicado é o atendimento ao cliente, porque muitos profissionais jogam a toalha e desistem de investir em sua carreira, de fazer um aprimoramento e, fatalmente, acabam descuidando do trato com o cliente. Isso apenas profissionalmente falando. Sim, porque esse estresse do mundo dos negócios, normalmente, se reflete na vida pessoal, causando outros dilemas.

Porém, mantendo neste momento o foco apenas no campo profissional, a consequência de um atendimento que não satisfaça o cliente gera, como era de se esperar, o afastamento desse, o seu distanciamento, até mesmo a um ponto crítico, em que o perdemos para a concorrência.

VOCÊ JÁ PENSOU QUE OS SEUS RESULTADOS PODERIAM SER MELHORES?

Provavelmente, você já pensou, ou pensa frequentemente, que os seus resultados poderiam ser melhores. Estamos falando aqui de melhores em termos de maior volume de vendas, de relacionamento com os seus clientes, de satisfação dentro da empresa e, por que não dizer, uma melhor remuneração.

Porém, embora melhorar seja um desejo de muitos, poucos são os que "se viram", ou seja, que fazem o que é preciso para conquistar objetivos melhores. São muitas as questões envolvidas nesse processo. Eis algumas possíveis sombras que talvez possam estar impedindo você de brilhar como merece:

- É possível que você esteja tão envolvido com o dia a dia corrido de trabalho, que não se disponha a continuar aprendendo e se desenvolvendo como profissional.
- Quem sabe os chamados "ladrões de tempo" não estejam colaborando para um dia a dia mais conturbado. Veja aqui alguns deles[1]:
    1. Interrupções telefônicas — algumas no escopo do dia, outras dispensáveis;
    2. Visitas inesperadas — sem agendamento ou emergência;

---
1 Fonte: artigo Printconsult

SE VIRA! VOCÊ NÃO É QUADRADO!

3. Delegação ineficiente – gerando foco no desnecessário;
4. Reuniões mal dirigidas – sem começo, meio e fim;
5. Falta de objetivos, prioridades ou planejamento – organização;
6. Tentativa de fazer demasiadas coisas ao mesmo tempo – não definindo prioridades;
8. Mesa atulhada – desorganização pessoal – contribui para ineficiência;
9. Indecisão – procrastinação – foco;
10. Incapacidade para dizer "não" – gerando retrabalho;
11. Comunicação – instruções obscuras – clareza;
12. Responsabilidades – autoridade confusas – matriz de responsabilidades;
13. Informações com atraso ou inexatas – organização de processo;
14. Falta de autodisciplina – hábito de organização;
15. Tarefas inacabadas – muitas pendências.
16. Pessoal não treinado – ineficiente – gera retrabalho.

• Quem sabe hoje você esteja precisando buscar o equilíbrio pessoal, espiritual e físico para desempenhar melhor o seu papel junto aos clientes.
• Talvez você esteja misturando a razão com a emoção na condução das suas estratégias pessoais e profissionais, e isso não esteja sendo produtivo.
• Pode ser que você esteja muito dedicado à conectividade com o mundo digital, preso a diversos canais de comunicação ao mesmo tempo: redes sociais, Facebook, Grupos, Instagram, Twitter, LinkedIn, WhatsApp, Skype, Messenger, Telegram etc.
• Quem sabe agora você se sinta aprisionado, encurralado, incapaz de agir, não vendo como melhorar o seu status quo (estado das coisas).

Todos esses fatores podem influir diretamente nos seus resultados, e você precisa dar um jeito de colocá-los sob controle.

Como está sendo isso tudo? Será que você anda se sentindo "um tanto quadrado" devido algumas dessas questões? Se está, já parou para pensar quais são as causas de estar se sentindo dessa maneira?

FATORES QUE INFLUEM NA FALTA DE RESULTADOS

Se analisarmos todos os pontos mencionados anteriormente, mais outros que eu, porventura não tenha registrado, somados à certeza de que hoje desempenhamos mais de uma função em nossas companhias, é previsível que o reflexo virá com a diminuição da sua eficácia.

Você não faz o que deve ser feito com os recursos disponíveis e, na queda da sua eficiência, não faz mais do que deve ser feito, otimizando os mesmos recursos. Isso, sem dúvida, afetará o seu poder de assimilar conhecimento e gerar entendimento. E o grande prejudicado será o fator preponderante nas relações pessoais e de negócios: o atendimento.

O QUE LEVA UM CLIENTE A ABANDONAR UMA EMPRESA?

São muitos os fatores que podem provocar o abandono da empresa, por parte do cliente. Se fôssemos enumerar em ordem de importância, com certeza levaríamos muito tempo avaliando, criaríamos facilmente uma lista enorme de tópicos e não chegaríamos a uma conclusão explícita. Porém, conforme representado na ilustração a seguir, podemos perceber que quase 70% das razões que levam um cliente a ir embora se devem a questões ligadas ao mau atendimento, ao descaso.

Tenho a certeza de que cada um de nós tem no mínimo cinco casos de experiências negativas vividas em relação ao atendimento em produtos e serviços. Com certeza, todos já tivemos um mau atendimento em órgão público ou privado, ou de um profissional liberal, e até mesmo das grandes corporações, algumas das quais parecem querer mesmo se superar no quesito "atender mal". Eu, seguramente, escreveria um livro inteiro somente com esse tipo de ocorrência.

SE VIRA! VOCÊ NÃO É QUADRADO!

- (1%) Morte
- (3%) Mudança de Residência
- (5%) Influência de Amigos
- (9%) Atraídos pela Concorrência
- (14%) Insatisfação com Produto
- Indiferença por parte dos **FUNCIONÁRIOS (68%)**

HARVARD

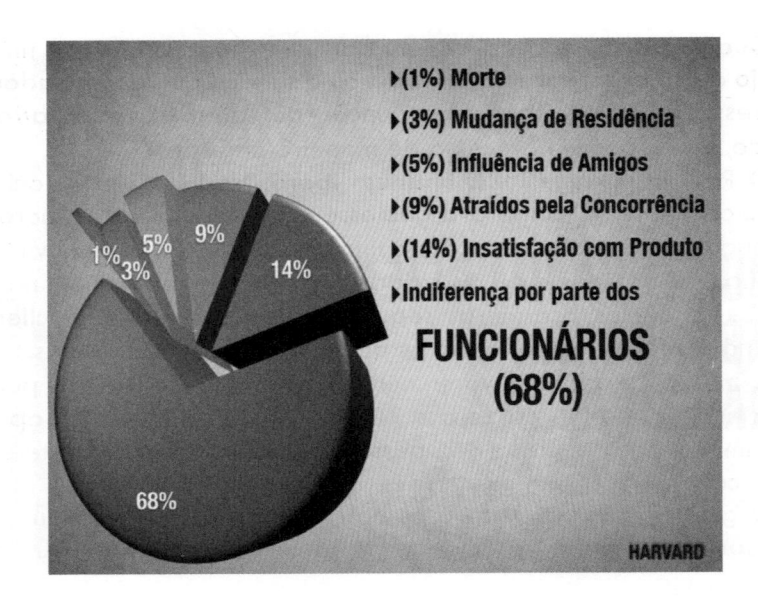

MAU ATENDIMENTO

O que fazer quando uma fonte confiável divulga dados alarmantes, como no gráfico anterior? Segundo esses dados, de um levantamento feito em 2010, praticamente sete de cada dez clientes trocam de produto ou serviço em função do mau atendimento. O que supera com larga margem questões relevantes como qualidade, concorrência, mudança, influência, entre outras.

O que dizer quando uma pesquisa da KMPG confirma que 89% dos clientes mudam de empresa quando são mal atendidos, mesmo que tenham que pagar mais alto?[1]

O atendimento é, por assim dizer, o quesito mais importante num processo entre duas partes que têm algo em comum para trocar. A sua deficiência é algo equivalente a derrubar a barreira nos últimos metros de uma corrida de obstáculos, errar um pênalti ou um saque decisivo na linguagem do esporte.

---
1 Livro *Organizações exponenciais*.

Quantas vezes você já passou por uma situação em que tinha o desejo de compra, encontrou o bem ou o serviço que queria adquirir, e o responsável por fazer essa junção de fatores acabou atrapalhando, encerrando o processo de maneira negativa?

O Ranking Exame IBRC (Instituto Ibero Brasileiro de Relacionamento com Cliente) comprova que esse quadro não vem melhorando ao longo do tempo. Muito pelo contrário, só piora. Após ouvir mais de cinco mil pessoas em 143 cidades, o IBRC descobriu que, na média, as empresas brasileiras seguem maltratando os seus clientes. Veja no gráfico a seguir as notas que foram atribuídas a elas.

A média geral do levantamento oscila entre 62 e 64 pontos, numa escala que vai de zero a 100. De maneira simplista, aproximadamente seis em cada dez pessoas estariam relativamente satisfeitas com o atendimento.

O gráfico a seguir mostra as notas que os clientes deram para as empresas, quanto à qualidade do atendimento, tendo 100 como nota máxima.

Evolução da Média Geral

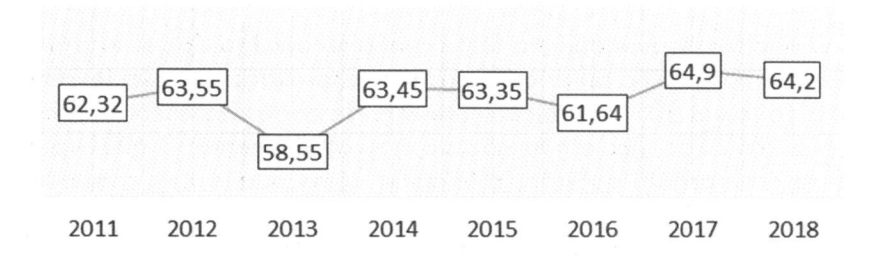

2011	2012	2013	2014	2015	2016	2017	2018
62,32	63,55	58,55	63,45	63,35	61,64	64,9	64,2

O MAU ATENDIMENTO VEM AUMENTANDO

O mau atendimento tem aumentado, tornando-se um fator altamente preocupante. Analisando os dados aqui apresentados, é possível perceber que estamos falando de percentuais representativos no que diz respeito ao descuido com a satisfação do cliente.

SE VIRA! VOCÊ NÃO É QUADRADO!

É preciso ter em mente que o grande motivo para a existência de nossos negócios, e a única forma de mantê-los em crescimento, é a excelência no atendimento. A falta dele, de forma satisfatória, é o grande fator que leva o cliente a se ver obrigado a mudar de produto ou de fornecedor de serviços.

As notas médias apontadas nessas avaliações indicam que, para atingir a excelência no atendimento, muita coisa precisa mudar. Observe a evolução da quantidade de clientes que se dizem mal atendidos. O número é crescente a cada ano.

Ninguém atendeu bem

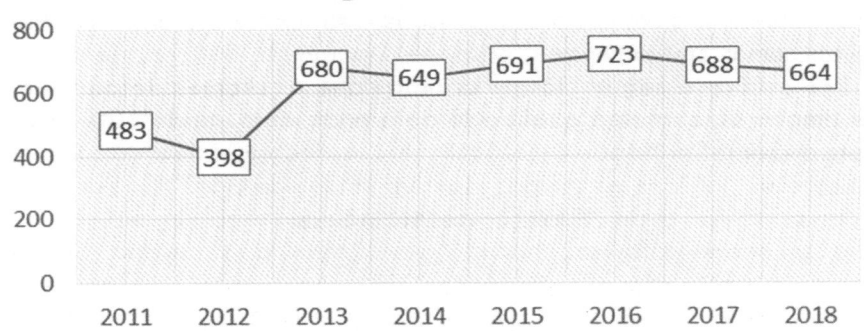

	Ninguém atendeu bem	N° de Entrevistados	%
2011	483	4.655	10%
2012	398	4.943	8%
2013	680	4.721	14%
2014	649	4.982	13%
2015	691	5.121	13%
2016	723	5.089	14%
2017	688	5.122	13%

Está na hora dos profissionais começarem a "se virar" de fato e saírem na frente daqueles que ainda não perceberam o quanto de espaço estão perdendo, por não se empenharem em conhecer e entender melhor seus clientes

A FALTA DE SORRISOS

Uma curiosidade sobre atendimento me chamou atenção: o Jornal Nacional, em outubro de 2015, divulgou um ranking do atendimento a clientes que, com base nos dados da 11ª edição da pesquisa Smiling Report, produzida pela companhia sueca Better Business World Wide, especializada em clientes secretos e parceira da Shopper Experience, ouviu, ao todo, 22 mil clientes secretos brasileiros e comprovou que, seja pela crise, pelo ambiente instável, ou outros fatores, o Brasil está na 15ª colocação entre os países que atendem os clientes com um sorriso simpático na face. Já os irlandeses recebem quase a totalidade de seus clientes sorrindo (o índice de sorrisos deles é de 97%) e os gregos mantêm um índice de 93%. Por aqui estamos na faixa de 79%. Parece até não ser tão ruim, mas pense que, em outras palavras, em cada dez clientes, dois não são recebidos de maneira afável e simpática (20%).

A conclusão aqui é óbvia: esse "não sorrir" impacta negativamente nos negócios, uma vez que o cliente busca sempre uma recepção simpática e afável, como passo inicial para um bom atendimento, para que se possa estabelecer um bom relacionamento, para que se possa iniciar a construção da conquista e posterior fidelização do cliente.

Não é à toa que a frase "faça uma pessoa sorrir e você conquistará o seu coração" tem se mostrado tão verdadeira. É a sabedoria popular chamando a nossa atenção para o que realmente importa na vida, até mesmo em termos comerciais.

Veja o *ranking*[2]:

1- Irlanda: 97%
2- Grécia e Porto Rico: 93%

---
2 Fonte: Smiling Report

SE VIRA! VOCÊ NÃO É QUADRADO!

3- Lituânia: 92%
4- Suíça e Grã-Bretanha: 91%
5- Letônia e Portugal: 90%
6- Estônia: 89%
7- Dinamarca e Turquia: 88%
8- Alemanha e Estados Unidos: 87%
9- China, Rússia e Espanha: 86%
10- Finlândia: 85%
11- Chipre e Noruega: 84%
12 - Argentina, Áustria, Canadá, Chile, Islândia e Suécia: 83%
13- França e Holanda: 82%
14 - Colômbia e Hungria: 81%
15- Brasil: 79%
16- Japão: 74%

PALAVRA DO ESPECIALISTA

Cesar Buaes Dal Maso[3], especialista no atendimento Disney, entende a hospitalidade como ferramenta no bom atendimento.

A temática "hospitalidade no domínio comercial" tem sido alvo de pesquisas de âmbito internacional e uma tendência para a inovação corporativa. Tradicionalmente, tem a sua aplicação na hotelaria e na esfera hospitalar, entretanto, diversas indústrias têm buscado compreender esse conceito e aplicar nos negócios, com destaque para o atendimento aos clientes. A inovação na hospitalidade corporativa relaciona-se a novos métodos de convivência humana nos espaços comerciais e profissionais. Implica em recepcionar os clientes, realizar um acolhimento adequado, disponibilizar as informações corretas e ofertar bens e serviços de acordo com a proposta estratégica da empresa. Tudo isso vin-

---

3 cesar@cbdmanagement.com.br

culado de maneira a oportunizar aos clientes momentos prazerosos e encantadores de atendimento, bem como na operacionalização de uma despedida com cortesia, deixando as portas abertas para um próximo encontro. Como exemplo, tem-se a filosofia de Walt Disney, desenvolvida no contexto global de seus parques. Empresas do mundo todo tentam compreender o porquê de uma hospitalidade tão bem conduzida. A empresa possui colaboradores (que eles chamam de membros do elenco) e eles criam um ambiente mágico nos parques e *resorts* para os seus clientes (que chamam de convidados). Valores-chave como segurança, cortesia, shows e eficiência fazem parte dessa filosofia. Certamente, esse pensar e agir da filosofia Disney estão vinculados aos conceitos de hospitalidade na experiência de encantamento internacional. Além de possibilitar esse entendimento, tem se mostrado adaptável em outros lugares do mundo, fator importantíssimo para justificar a sua aplicabilidade global. Nesse processo, em um ambiente divertido e hospitaleiro, é que ocorre o reflexo da ambiência e da cultura da empresa. A hospitalidade como fator diferencial de atendimento acontece em vários momentos com o convidado, especialmente quando ele é recebido, hospedado, alimentado, entretido e também na despedida, mediante a vivência de atitude e ambientes apropriados. A inovação na hospitalidade corporativa é uma tendência para as empresas do globo se diferenciarem com os seus clientes.

Empresas não têm consciência do mau atendimento

Uma preocupação é que os índices médios de bom atendimento não passaram de 65 pontos percentuais na pesquisa de 2015 e, de lá para cá, permanecem em queda as dez piores empresas no ranking (empresas de telecomunicações, públicas, operadoras de cartão de crédito e algumas redes de restaurantes, entre outras), apresentam notas máximas de 49 pontos.

E agora vem o ponto realmente crítico: ao se autoavaliarem na pesquisa, essas mesmas empresas deram nota 92 para a qualidade do seu atendimento ao cliente. Ou seja, a falta de consciência é tamanha que esses empresários baseados em sua errônea percepção nem ao menos se preocupam em melhorar o atendimento.

Para agravar, como consequência dessa postura empresarial, em momentos de crise, de baixa de faturamento, os setores mais atingidos pelo corte de verbas nessas empresas são justamente aqueles que cuidam do atendimento ao cliente, acredite se quiser. Então, como resolver essa situação? Afinal, vale aquela máxima que diz que:"Você só resolve um problema a partir do momento que admite tê-lo".

POR QUE AS PESSOAS ATENDEM MAL?

Na verdade, quem atende mal não tem a noção clara de qual é o seu papel, pode parecer meio óbvio, mas não estamos aqui para servir ao próximo, e servir bem? Diferentemente do que pode parecer, essa não é uma questão filosófica e, sim, a simples base de todo bom relacionamento, inclusive os comerciais.

Existe aí um conceito básico que envolve até um aspecto religioso, que diz que devemos atender o outro da mesma forma como gostaríamos de ser atendidos. Em termos práticos, devemos atender como ele gostaria de ser atendido, a ponto de surpreendê-lo.

Voltando o foco para o aspecto profissional, ainda falta o entendimento mais amplo do papel de cada elemento do processo, na utilização do atendimento ao cliente como diferencial no fechamento de negócios, ampliação de vendas, algo que implica conhecer o seu produto, saber sobre o cliente, entendê-lo e utilizar estratégias específicas para atendê-lo bem. Vejamos alguns pontos que devem ser cuidados especialmente, e corrigidos, para que o atendimento ao seu cliente se torne realmente surpreendente.

Falta do hábito de organização

Organização é, no fundo, um exercício repetitivo de ações planejadas que podem lhe dar, a qualquer momento, uma visão panorâmica de como anda determinado processo. São ações que visam medir, controlar, corrigir toda e qualquer etapa.

A organização tem, em seu escopo, a disciplina como aliada, para que o processo como um todo evolua. Sobre isso, existe uma frase da Seicho-no-ie que não canso de repetir: "Treinamento persistente gera resultado milagroso".

De fato, quanto mais uma determinada ação é feita de maneira adequada, mais a organizamos e a executamos com maior velocidade e assertividade. Isso vale também para todas as modalidades de atendimento, dentro e fora da empresa. Organizações e profissionais de sucesso utilizam o treinamento persistente, dedicado, como uma ferramenta para melhorar, evoluir.

No segmento de serviços, os funis de atendimento/vendas nos levam a criar rotinas básicas de processos tanto voltados à rotina operacional do nosso negócio quanto à direção do contato com o cliente, uma verdadeira e prática operação de atendimento.

Em outras palavras e usando o exemplo de um hotel, teremos processos e procedimentos internos que se referem à estrutura voltada ao conforto do cliente, desde a recepção, passando por *check-in*, serviço de quarto, restaurante, lazer, *internet*, serviços básicos e complementares. Por outro lado, temos a questão social, que gerencia o aspecto comportamental da equipe na direção da satisfação do cliente, desde a sua chegada e durante toda a sua permanência. Sob essa ótica, a organização está na forma como as camareiras são treinadas para preparar uma cama, um quarto, um banheiro e até como devem se portar quando estiverem em contato com o hóspede nos diversos ambientes do hotel.

Imaginem quantos ramos de negócios disponíveis e quantos procedimentos devem ser estabelecidos para melhor atender um cliente, de um simples bom dia, até um desejo sincero de boa viagem, um bom retorno, bom uso do produto ou serviço adquirido.

Dentro desses tantos ramos, cada um deles tem um serviço classificado como núcleo, o objetivo, o foco da atividade, seguindo no exemplo do hotel, o serviço núcleo é a hospedagem. Partindo desse, você tem serviços complementares obrigatórios e não obrigatórios, que devem ou podem ser oferecidos ao cliente — *internet*, serviço de quarto, TV por assinatura — classificados como obrigatórios, mas, dentro deles, quando você amplia o que oferece, por exemplo, a velocidade da *internet* maior, personaliza o serviço de quarto com brindes na chegada, lençóis e travesseiros especiais, amplia o número de canais da TV aberta com opção de compra de programas, eleva o padrão de atendimento e, por conta disso, ajuda a fidelização, melhora a experiência do hóspede e gera melhor resultado financeiro.

É bom frisar que toda essa estratégia deve levar em conta os recursos disponíveis, a possibilidade eventual de incluir isso em uma tarifa.

Devemos entender que o cliente, quando tem uma nova referência em atendimento e serviços, pode se frustrar ao não receber esse serviço em um segundo momento, cuidado!

No ambiente corporativo, a organização envolve também essa estratégia focada em serviços núcleo, obrigatórios e não. Devemos mapeá-los comparando com o que estiver sendo oferecido ao mercado, e nos situarmos.

Falta de conhecimento do seu cliente

Vivemos na era da informação disponível, acessível e ampla. Portanto, um dos maiores pecados da gestão de atendimento é não conhecer o cliente.

Conhecer o cliente envolve, num primeiro momento, um aspecto externo, acessível com alguns cliques e consultas na *internet*: histórico, missão, estratégia, produtos, mercado, concorrentes.

Em um segundo momento, precisamos conhecer o foco de nossa ação de relacionamento dentro do cliente: pessoas, setores influentes e com poder de decisão.

Ilude-se quem ainda pensa que somente o setor de suprimentos é quem compra. Esse é, sim, o responsável pela questão tangível, comparativa, mas que se complementa com informações e decisões das áreas de desenvolvimento de fornecedores, garantia de qualidade, planejamento e controle da produção, somadas às importantes influências dos setores de marketing e inovação.

Estou falando aqui do universo B2B — *business-to-business* — de empresa para empresa, mas essas regras valem também para negócios menores, de uma pequena loja a um grande magazine, de uma padaria de bairro a uma rede de lanchonetes, de uma oficina mecânica a uma rede de concessionárias, passando por diversos setores do varejo, serviços. O que falta é entender o outro lado. E o caminho mais simples é perguntar ao cliente:

- **O que nos falta para superar a sua expectativa?**
- **Quais são os nossos pontos positivos? E os negativos?**
- **O que pode ameaçar a nossa relação?**
- **Quais são as oportunidades que podemos descobrir juntos?**

Com base nesses dados, pesquisados de forma simples e objetiva, fica mais fácil conhecer, entender o seu cliente, para poder atendê-lo melhor.

Lembre-se: o cliente e o negócio sempre serão os reis, mas nem sempre foram classificados como tal. As definições abaixo e os respectivos anos dão uma ideia de como empresas diferenciadas evoluíram, enquanto outras tratam os seus clientes da mesma forma há muitos anos.

- **Década de 1960:** o cliente era uma maldita amolação. Acredite, há quem pense assim ainda hoje!
- **Década de 1970:** o cliente era uma necessidade para a sobrevivência das empresas. Era necessário satisfazer os seus desejos.
- **Década de 1980:** era preciso antecipar os desejos do cliente.
- **Década de 1990:** comprometimento com o sucesso do cliente era essencial.
- **Década de 2000:** o desempenho deveria agregar valor, gerando mais negócios e experiências únicas para o cliente.
- **Hoje em dia:** não conhecer, não entender o seu cliente e as expectativas do consumidor final pode decretar o fim de um negócio.

MELHORAR O ATENDIMENTO AO CLIENTE É A SOLUÇÃO

Comecemos pelos exemplos positivos que já existem no mercado e que podem e devem ser usados como referências e fontes de inspiração.

O atendimento de qualidade ao cliente não é uma missão impossível. Isso fica claro quando olhamos para o mercado e encontramos exemplos maravilhosos de empresas que dedicam energia, estratégia na busca desse diferencial de atendimento. O IBRC nos mostra que há luz no fim do túnel, e não o trem em nossa direção. Leia os bons exemplos a seguir:

NATURA

Na ponta positiva das pesquisas, a fabricante de cosméticos Natura é a que melhor atende no país, com 84,98 pontos percentuais de bom atendimento. A meta deles, no SAC, é resolver o problema dos clientes e consultoras em uma única ligação. Vale como observação que o índice de efetividade deles chegou a 92%, frente aos 70% da média pesquisada pelo IBRC.

Realmente, o atendimento ao cliente funciona. Cito um exemplo pessoal, para comprovar a excelência desse atendimento: uma amiga nossa comprou um produto da Natura e, ao utilizá-lo, descobriu que havia uma falha na embalagem que inviabilizava o uso adequado do mesmo. Falou com uma outra amiga, que recomendou que ligasse para o SAC (Serviço de Atendimento ao Consumidor) da Natura.

Bem, 0800's, SAC's e afins, normalmente, são a grande dor de cabeça dos consumidores. Apesar da recente lei que visa regulamentar e melhorar os serviços de atendimento das empresas, parece que muito pouco mudou na maioria das empresas. Por isso ela ficou um pouco resistente quanto a fazer a reclamação.

Enfim, ela ligou para o 0800 da Natura. Depois de apertar alguns números e ouvir uma musiquinha, ouviu a voz de uma atendente — em menos de dois minutos de ligação. Praticamente um milagre, ela pensou, lembrando de desventuras que já havia passado com outras empresas. Então, explicou o problema e a atendente logo se prontificou a fazer a troca do produto por outro igual, ou por produtos equivalentes.

No final das contas, ela trocou por outros produtos que, em valor, até superavam o que tinha sido comprado antes. Tudo com muita agilidade e presteza. Ao final da ligação, espantada com tão bom atendimento, ela ainda perguntou à atendente se não haveria necessidade de remeter o produto com defeito à Natura. A resposta foi que isso só seria necessário se fosse um caso de manifestação alérgica.

Mais espantada ainda, finalmente, perguntou como a Natura teria certeza de que ela realmente comprou o produto e que tudo o que foi descrito (a embalagem defeituosa) havia mesmo acontecido.

Vejam a resposta da atendente:

> **"Isso não é necessário, senhora.
> É que a Natura confia nos seus clientes."**

Depois dessa, só me restou aplaudir a empresa. É assim que se faz, estabelecendo um relacionamento honesto e prestativo com seus clientes, fato que coloca a Natura entres os dez mais no atendimento há muitos anos e o primeiro colocado em 2017.

Recentemente ouvindo uma palestra de sua VP, Josie Romero, em nosso Fórum de Soluções Integradas, tomei conhecimento de uma série de ações, entre estas, área focada em atendimento, onde um grande painel ao estilo NASA acompanha "*on time*" a movimentação desde o momento da separação de produtos, embarque, despachos até a chegada ao exército de consultoras, quase 2.000.000, responsáveis pelo sucesso dessa gigante brasileira e hoje mundial com aquisição de outras empresas no mundo como Airsop e The Body Shop, e recentemente a Avon, tornando-se a 4ª maior companhia do mundo, com presença em mais de 100 países, uma gigante mundial da indústria da beleza, Natura & CO.

Vale ressaltar um posicionamento social e ambiental conectado e alinhado com a realidade das grades instituições do mundo, com ações que envolvem desde a extração de ativos para seus produtos até o benefício às comunidades do em torno[1].

OUTBACK

Na sequência, temos o Outback, com 82,82 pontos; a cortesia desde a chegada do cliente é um diferencial. A simpatia dos atendentes, que chegam ao extremo de se abaixar para falar com o cliente no mesmo nível de altura, a autonomia que permite até a compra de um lanche no McDonald's, caso uma criança queira, e até mesmo mudanças no padrão de composição dos pratos. Tudo isso denota claramente que a satisfação do cliente é uma prioridade.

Os pratos têm um tempo máximo de 12 minutos para estarem prontos e dentro de um rigoroso padrão de sabor e visual que, caso não seja atingido, gera o retrabalho e o aviso imediato de desculpas ao cliente.

Ao final do atendimento, você decide se dá ou não os 10% de gorjeta, de acordo com o seu grau de satisfação.

Curiosidade que descobri dos 10%, 7% são para o garçom e 3% para um fundo interno (*tip share*), que é dividido entre equipe de recepção, limpeza e cozinha. Caso o cliente opte em não pagar a

---

1 https://naturaeco.com/index-pt-br.html

gorjeta, o que demonstraria insatisfação com o atendimento do garçom, esse deve recolher mesmo assim os 3% para o fundo interno, do seu bolso, uma vez que não fez jus à totalidade da gorjeta.

O Boticário

O Boticário, com atitudes positivas e sustentabilidade, traz beleza e autoestima, inspirando pessoas, empresas e a sociedade para a construção de um mundo mais belo. Procura mostrar o nosso lado humano e o reconhecimento pela dedicação da rede colaborativa que constrói a sua história de sucesso e conduz toda a sua estrutura empresarial.

Tem como visão ser referência na criação de valor em negócios de beleza e está comprometida com resultados, movida pela paixão por desafios, valorizando a integridade das pessoas e das relações.

Aos seus consumidores e revendedores, o Grupo O Boticário disponibiliza um SAC completo e amplo, a fim de que possam ser ouvidos de forma rápida e eficiente. As reclamações dirigidas ao SAC devem ser resolvidas em, no máximo, cinco dias úteis, a contar de seu registro. Um prédio de três andares localizado em Curitiba dedicado a entender, conhecer os clientes não só das lojas O Boticário, mas também das divisões Eudora, Quem disse Berenice e The Beauty Box.

Dentro das modalidades de mídia e comunicação que o Sistema de Atendimento ao Consumidor disponibiliza, temos o Fale Conosco, o Chat Online, o atendimento por telefone e a página do Facebook Oficial.

Há um sistema de milhagem de fácil acesso e controle via CPF, e WhatsApp com promoções e ofertas que chegam de forma coordenada, sem se tornarem massivas.

Vale ressaltar seu posicionamento social e ambiental desde sua fundação, com ações que envolvem preservação, manutenção de florestas, com sua própria entidade, com ações voluntárias, iniciativas conjuntas com outras entidades e voluntários[2].

---

2 http://www.fundacaogrupoboticario.org.br/pt/quem-somos/pages/default.aspx

UBER

No Brasil desde maio de 2014, a empresa de transportes Uber foi considerada a sétima que melhor atende os seus clientes no país. Nela, o motorista é avaliado pelos clientes, com notas de um a cinco, a cada corrida. E pode ser descadastrado, se receber notas inferiores a quatro – é o cliente quem garante a qualidade dos serviços. A nota média dos motoristas parceiros no Brasil é de 4,85, em uma escala de um a cinco, seria o mesmo que 97% de aprovação.

A qualidade de atendimento é consequência dos esforços da empresa em buscar *feedbacks* dos usuários para, dessa forma, orientar melhor suas tomadas de decisão. O custo competitivo, a forma de pagamento prática, descomplicada, a emissão automática via *e-mail* dos recibos são, sem dúvida, diferenciais.

NETFLIX

Na locadora de filmes online, Netflix, os funcionários são selecionados levando em conta a sua preferência por filmes e tecnologia. Utilizam esse conhecimento para atender e superar as expectativas dos clientes, revertendo o crédito para a empresa. Eu divido com os meus filhos essa imersão no universo do atendimento. Certa vez, conversando com Fernanda sobre *ranking*, falei sobre a Netflix entre os melhores, e ela, de pronto, tinha uma comprovação dessa eficiência em um episódio recente.

Ao chegar em casa em uma sexta-feira, percebeu que o seu sinal havia sido cortado. Ligando para o SAC da Netflix, foi informada de que o cartão de crédito do responsável havia vencido. Como o assunto só poderia ser resolvido na segunda-feira, com o retorno de viagem da pessoa responsável pelo cartão, a atendente, imediatamente, autorizou a religação do sinal, para que o cliente pudesse ver seus filmes no final de semana. E disse que aguardaria que o cliente fizesse a confirmação dos novos dados do cartão na segunda-feira.

APPLE

O que dizer do atendimento impecável da Apple, padrão mundial, em qualquer loja, em qualquer dos cinco continentes, da simplicidade e objetividade do modelo, do conhecimento dos atendentes e do pagamento facilitado? São de fato diferenciais que provocam uma experiência diferente e marcante. Leia a seguir alguns conceitos cobertos no manual do vendedor Apple.

O manual de conduta dos vendedores da Apple se chama "The Genius Training Student Workbook" (algo como "Manual de Treinamento do Estudante Gênio"). Possui uma série de regras que devem ser respeitadas, como palavras que podem ou não serem ditas pelos representantes e um estudo sobre as diferentes emoções expressadas pelos clientes.

Surpreendentemente, o principal objetivo do vendedor não é convencer um consumidor a comprar algum produto da marca, mas, sim, transmitir "vibrações boas" com ênfase na empatia, na alegria, no reconforto e evitar situações de conflito.

Na página sete do manual, existe uma lista que responde aos diferentes "quês" e "comos". O que um "Gênio" faz? Ele educa. Como? Com graça. Ele também "toma a liderança", "sente empatia", "recomenda", "convence" e chega ao "sim" da compra com muito "respeito". Resumindo, o vendedor tem que tomar o controle da venda, parecendo passivo e sendo empático.

O ato de atender bem é resumido em cinco letras, que compõem o nome Apple: A de Approach (aproximação), P de Probe (sondar), P de Present (apresentar), L de Listen (ouvir), E de End (concluir).

Soma-se ao fantástico atendimento padrão, em qualquer loja no mundo, a frase de ordem que você ouve quando entra em contato em caso de dúvida, problemas técnicos ou necessidade de assistência: "Farei tudo que estiver ao meu alcance para ajudá-la, quero resolver o seu problema".

SÉRGIO DAMIÃO

Laboratório Fleury

O que um laboratório de exames clínicos, onde as pessoas vão obrigadas e tensas, pode fazer para superar a expectativas do seu cliente? Nas palavras de Carlos Alberto Marinelli, presidente do Laboratório Fleury:

> Através da pesquisa, entender melhor o perfil de cada cliente, de forma que ele se sinta acolhido desde a chegada, para enfrentar a experiência difícil que é um exame. E, na saída, que ele deixe cada unidade confiante e aliviado, satisfeito com o serviço recebido e nos recomende.

Pensando no cliente e na experiência que ele e a família terão, o Fleury melhorou o espaço da área de ultrassonografia fetal, inclusive aumentando o número de cadeiras disponíveis, de forma que os acompanhantes dos futuros pais possam participar também daquele momento tão importante. Isso é entender o perfil de cada público.

O que as empresas anteriores e as "25 mais" do *ranking* 2017 têm em comum?

O que essas empresas têm de especial? A busca pela excelência, oferecendo a seus clientes um atendimento que surpreende, supera expectativas e que, sem dúvida, fideliza.

Falamos de segmentos distintos, cada um desses com suas particularidades, mas com um objetivo comum: transformar a experiência do cliente em um momento marcante, com objetividade, agilidade, carinho, cortesia, entendendo que o cliente satisfeito é, sem dúvida, o maior patrimônio em qualquer negócio.

No evento de entrega do Prêmio do IBRC dos últimos anos, registrei algumas frases ditas pelos presidentes presentes que, gentilmente, dividiram experiências com o mercado, que dizem muito a respeito do que significa oferecer um atendimento diferenciado. Todos, sem exceção, têm valores expressivos de investimentos nesse setor e sabem o quanto isso traz de retorno para as companhias:

SE VIRA! VOCÊ NÃO É QUADRADO!

Respeito à essência do nosso negócio, nossas consultoras e parceiros, ouvidos abertos para ouvir o cliente.
Natura

O que é maravilhoso (expectativa) hoje vira padrão amanhã. Não existe estado estático, ou você vai para frente ou vai para trás.
Uber

Tratar os clientes como gostaríamos de ser tratados.
Mapfre Seguros

Importância das pessoas na linha de frente com o suporte do *back office*.
Renault

Para cada cliente uma necessidade diferente. Entender isto é a chave do negócio. Atendimento, experiência do cliente em todos os pontos da loja.
Carrefour

Valorização na entrega.
Hyundai

Quando recebemos a ligação do cliente, é motivo de comemoração, pois é a oportunidade de fazê-lo ter a percepção do valor que ele paga.
SulAmérica

A companhia inteira tem que ter a mesma filosofia para o cliente. Não existem departamentos.
Azul

Concorrentes são todos aqueles que o seu cliente o compara.
Gol

SÉRGIO DAMIÃO

> Eu não tenho direito de ser metida, sou inconformada com a satisfação do cliente.
> Magazine Luiza

> Inconformismo com a questão do atendimento. Cuidado, quem acha que está maduro pode apodrecer.
> Alexandre Diogo – Presidente IBRC

Ranking IBRC 2018 – TOP 25

Rank	Empresa	Pontuação
1	Natura Cosméticos	83,84
2	Sony Eletrodomésticos	79,54
3	Fleury Laboratórios	79,09
4	Renault Automotivo	78,53
5	O Boticário Cosméticos	78,35
6	Citroen Automotivo	78,27
7	Localiza Locadora de Veículos	78,19
8	Nubank Cartão de Crédito	77,78
9	SulAmérica Saúde Plano de Saúde	77,29
10	Alta Laboratórios	77,28
11	Azul Aviação Civil	77,26
12	Hyundai Automotivo	77,05
13	Amil Plano de Saúde	76,36
14	American Express Cartão de Crédito	76,26

SE VIRA! VOCÊ NÃO É QUADRADO!

15	Fedex Logística	76,25
16	Samsung Eletroeletrônico	75,59
17	Avon Cosméticos	75,34
18	Outback Varejo – A&B	75,33
19	FastShop Varejo	75,23
20	Magazine Luiza Varejo	75,02
21	Carrefour Supermercado	74,85
22	Sabin Laboratórios	74,84
23	Comgás Petróleo e Gás	74,82
24	Nestlé Alimentos e Bebidas	74,64
25	Beleza Natural Cosméticos	74,62

Palavra do especialista Mauai, Mauro Henrique Toledo

Em 1973, Mark Granovetter criou a teoria dos laços fortes e fracos; laços que conectam pessoas em redes sociais. Fortes são laços de mais contato; familiares, por exemplo. Fracos são laços que não temos contato. Laços fortes dão consistência garantindo que a rede social permaneça. Laços fracos trazem novidade para a vida, criando novas redes e ampliando o capital social. Faço este resumo para destacar o papel do vendedor para as relações comerciais e sociais. O vendedor une laços fortes e fracos, cria pontes entre as pessoas motivando sonhos e desejos. O vendedor, que se vira e não é quadrado, é agente polinizador nas e das redes sociais. Conheci meu querido amigo e parceiro Sérgio Damião praticando a arte de falar em público e nas palestras de vendas. Então, parabéns pelo livro que amplia novos laços fortes e fracos. Um viva ao vendedor que vive em todos nós. Um

SÉRGIO DAMIÃO

> viva ao vendedor que une "nós" tecendo a imensa rede de confiança com amizade, colaboração e prosperidade.
>
> Mauro Henrique Toledo [3]

No meu universo comercial, tenho uma participação expressiva nas indústrias farmacêuticas e, nelas, a questão do atendimento é regulado pela Anvisa (Agência de Vigilância Sanitária), que determina como obrigatória a existência do SAC, assim como inspeções, auditorias regulares, com o mesmo rigor aplicado em áreas produtivas, científicas, e não poderia ser diferente, afinal estamos tratando de saúde, de vidas de pacientes.

Na EMS, a maior indústria farmacêutica nacional, o SAC é definido como Assistência Farmacêutica para o Consumidor. Hoje, além do canal tradicional por um 0800, e dentro do site da empresa, as mídias sociais também recebem uma atenção especial de uma equipe própria, composta, desde a gerência, por farmacêuticos formados, treinados para atender a um novo perfil de consumidor, o chamado 2.0.

As dúvidas que, no passado, eram esclarecidas via carta e telefone chegam hoje por esses canais e são respondidas por quem tem conhecimento técnico sobre o produto, formulação, composição, posologia, contraindicações, reações adversas, também aspectos relativos às embalagens, sejam elas primárias ou secundárias. Tudo isso com um monitoramento constante e procedimentos formais para atender, esclarecer e responder qualquer necessidade dos consumidores.

A EMS tem também canais específicos para médicos, planos de saúde e hospitais, mas o SAC também está preparado para fazer o link com áreas médicas, científicas.

A função do SAC vai além do atendimento a reclamações, é uma atuação que fortalece, fideliza o cliente com a marca EMS e suas divisões de negócios, fato que recebeu o reconhecimento do Prêmio Reclame Aqui, Revista Época, como um dos Melhores SACs do segmento químico-farmacêutico, juntamente com as empresas Roche, Ache, Sanofi e Genoma.

---

3 Consultor, *coach*, diretor teatral e fundador do Teatrês Arte do Palco para Comunicação em Negócios – www.teatres.com.br

SE VIRA! VOCÊ NÃO É QUADRADO!

Saindo dessa esfera de negócios, ainda nos deparamos com ótimas notícias nas redes sociais, em nosso dia a dia pessoal e profissional. Compartilho, a seguir, alguns bons exemplos com vocês:

1. AREZZO

Deveria ser básico, mas no Brasil é um diferencial importante: tratar bem o cliente, e nisso a Arezzo está de parabéns. Quem me conhece sabe que os meus pezinhos não são de princesa, eu calço 39,5, e tenho a maior dificuldade em comprar sapatos. A Arezzo é uma das poucas marcas que atendem a essa minha necessidade específica, pois muitas outras têm formas muito pequenas para mim. Há um mês eu tive um probleminha com duas sandálias da marca, por sinal as minhas prediletas. Levei nas lojas em que havia comprado e não consegui resolver o problema. Então, entrei em contato com a fábrica pelo Facebook, e fui prontamente (e simpaticamente) atendida. Resumo da ópera: as minhas novas sandálias acabaram de chegar e ainda vieram com um carinhoso bilhetinho. Acho que a gente não só tem que reclamar, mas também elogiar quando alguma empresa funciona direito e trata o cliente com respeito no Brasil. São atitudes assim que vão melhorando aos poucos a nossa situação. Ganharam uma fã incondicional, @arezzo. Obrigada.

2. PADARIA LEIRIENSE

Frequento quase que diariamente, há mais de 15 anos, a Padaria Leiriense na região da Berrini, a Leiriense - 24 horas no ar, um padrão de atendimento em produtos, serviços e simpatia que explica o fato de uma longevidade de mais de 50 anos e um movimento constante em todos os horários, que, pela proximidade e praticidade, sou testemunha e fã. Parabéns ao meu amigo Daniel Relvas e aos seus tios e seu pai, fundadores, portugueses que sabem como ninguém atender bem os brasileiros.

3. Mecânica Romana

De cliente da Mecânica Romana na Lapa, já me considero amigo do Marcio Favero, a quem chamo carinhosamente de Dr. Car, sempre pronto a oferecer um pronto e rápido atendimento, com uma equipe muito competente, indo além da simples manutenção de veículos. É uma consultoria automotiva, mas, às vezes, numa troca de veículos, eles, prontamente, se colocam à disposição para dar dicas, auxiliar, fazer avaliação. Mais do que isso, trabalham com uma política de preços justa, dentro da realidade, e somente efetuam substituição de peças quando essas, realmente, precisam ser substituídas. Se o seu veículo tem algum problema elétrico, precisa de troca de pneus ou qualquer outro problema, relaxa, eles resolvem também, conhecem de mecânica e atendimento como ninguém.

4. We Care

Tenho em minha rotina comercial a felicidade de participar de muitos projetos de novas empresas e produtos. Em 2016, participei de uma experiência gratificante, o lançamento de uma linha de tratamento de pele, voltada a pacientes que se submetem à rádio e quimioterapia e, já no *briefing*, senti um diferencial de atendimento da sua idealizadora, Cris Bertolami:

> A We Care está desenvolvendo produtos para cuidados da pele de pacientes em tratamento oncológico. Nessa fase de tratamento, a pele de muitos deles fica com um ressecamento excessivo e eles possuem restrições como fragrância, devido às náuseas causadas pela quimio. Por isso, os produtos desenvolvidos para eles são bem

especiais, assim como as bisnagas e potes, pois, por meio dessa comunicação, queremos passar energia e bem-estar para eles, em um momento de grande sofrimento. De nossa parte, a embalagem deveria ser desenvolvida como um estojo, presenteável, reutilizável e, acima de tudo, que representasse, ao ser aberto pelo paciente, um presente, um conforto, um alento, um carinho numa fase difícil de tratamento, e assim a concebemos...

Pude sentir o impacto da mensagem desse produto, ao enviar um kit para uma amiga que estava em tratamento e me fez um depoimento emocionado. Conhecer, entender o cliente, suas aspirações, até em momentos difíceis, em qualquer segmento, é o caminho para prestar um bom atendimento.

5. A ADVOGADA

As boas experiências de atendimento estão, por vezes, dentro de nossa própria casa. A minha esposa é uma advogada dedicada, focada, e que tem no atendimento o seu diferencial. Meses atrás, fui de motorista, num sábado, acompanhar o fechamento de um processo, aberto por moradores de um condomínio de 40 casas que, por falha da construtora, começou a ter problemas de infiltração, rachaduras.

As que estavam na área baixa (o terreno era em declive, essas casas recebiam fluxo forte de chuva e água) sofreram danos maiores. Imaginem pessoas que depositaram todas as economias em um sonho da casa própria e, de uma hora para outra, correm o risco de perder a casa, ter o imóvel desvalorizado, arcando, muitas vezes, com financiamentos a longo prazo.

Naquela tarde, a notícia era boa, depois de quatro anos de processo, negociações, postergações da construtora e sua equipe de advogados que, sem nenhuma razão, recorreram várias vezes. O juiz, de forma magnânima, aceitou a denúncia e condenou a empresa a arcar com todos os custos de reparo, do maior ao menor impacto em cada uma das 40 residências, para alegria e alívio dos moradores.

A minha esposa assumiu esse processo para ajudar uma amiga, que a abandonou sozinha no meio. Para piorar, não havia nenhum documento assinado pelos moradores, sobre os custos advocatícios, e aí tive que perguntar à Dra. Perla:

— Escuta, e se, por um acaso, eles receberem e não lhe pagarem, pois não existe nada formal. Como fica a situação?

Ela respondeu prontamente:

— Eu peguei esse processo para ajudar as famílias, pois, na cidade, ninguém queria ir contra a grande construtora. Senti o desespero das famílias e me sensibilizei. Como advogada, eu queria fazer justiça, precisei aprender muito sobre construção, engenharia, projetos, entendi todos os prós e contras, prestei o meu melhor atendimento e ganhamos a causa. Nada os obriga a pagar, a não ser suas próprias consciências. Atender bem é fazer o certo, o justo, defender o seu cliente em sua razão e suas necessidades, por vezes, desprezando o fator monetário.

6. FSI, UNIÃO DE COMPETÊNCIAS PARA O BOM ATENDIMENTO?

Promover um evento por 16 anos seguidos envolve um trabalho árduo entre empresas participantes, exige uma grande sinergia para a escolha de temas, pautas, palestrantes, para que a organização seja surpreendente a cada ano, motivando os participantes. O Fórum de Soluções Integradas se renova a cada ano graças ao empenho de pessoas especiais nas empresas EF Diadema, Gerresheimer, Modular, Cia Suzano, IBRC, Jomo, Prakolar Sato, Revista Embalagem & Marca, Next Propaganda e o grupo interno da Box Print, juntos usamos o conhecimento e entendimento para prestar o melhor atendimento.

SE VIRA! VOCÊ NÃO É QUADRADO!

Da mesma forma, recebemos, por parte de nossos parceiros fornecedores, o mesmo empenho, neste particular registro a especial participação da Casa Blanca Gastronomia, de Sandra e Afonso Polly Junior que, anualmente, nos "alimentam" literalmente com novidades e opções sempre em sintonia com as tendências gastronômicas do momento. Aquarius Som e Vídeo, com a tecnologia com todo o suporte do Celestino e Marcela Gomez e equipe do Espaço APAS, nosso endereço há 16 anos.

Estes são alguns exemplos de empresas, pessoas que se viram, saem do lugar comum e primam por um atendimento diferenciado, em todos os sentidos. Por isso, ao dizer "se vira, você não é quadrado", quero provocar pessoas a saírem de uma eventual acomodação, para agirem, buscarem, ampliarem relações, negócios, fidelizando clientes pelo bom atendimento.

Então, o mau atendimento tem solução?

As bases de um excelente atendimento, em qualquer área de trabalho, é o círculo virtuoso que envolve conhecimento, entendimento e atendimento, com base em simples conclusões:

"Se não atende bem, não entende, não conhece"
"Se não entende, não conhece, não atende bem"
"Se conhece, mas não atende bem, é porque não entende"

Simples assim!

Voltemos um pouco à ideia sobre a qual já falamos no início deste livro:

- Conhecimento e entendimento formam uma sequência de etapas na direção do bom atendimento;

SE VIRA! VOCÊ NÃO É QUADRADO!

• Existe um círculo virtuoso que devemos seguir para garantir um atendimento cada vez melhor a todos com quem nos relacionamos (reveja a ilustração, na sequência);
• Esse círculo se autoalimenta e nos leva a uma condição de atendimento de excelência em tudo o que fazemos;
• O que nos cabe é aprimorar as nossas técnicas, conhecimentos e aplicação de valores, de modo a manter em movimento constante essa evolução.

EFETIVIDADE PESSOAL

Falando em termos profissionais, pensando numa geração que "se vira, porque não é quadrada", acredito no conhecimento, no entendimento, sendo fundamentais para atender melhor. São parte de uma primeira premissa, que chamei de efetividade pessoal.

Note que a nossa evolução plena nasce da nossa necessidade de melhorar, segue o caminho do aprimoramento do conhecimento, do pleno entendimento, que resultará em uma efetividade pessoal cada vez mais crescente no atendimento ao cliente.

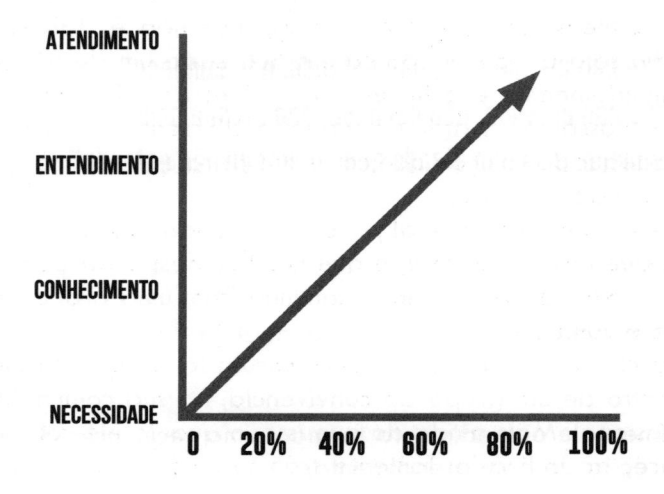

Conhecimento

11

"Para evoluir em conhecimento é preciso ter uma eterna disposição para aprender, desaprender e aprender de novo, de maneira diferente", disse Giussepe Mussela, executivo de sucesso, palestrante que, aos 49 anos, resolveu mudar o seu estilo sedentário e, com muita disciplina e dedicação, se tornou, em sua categoria, um dos principais competidores do mundo do Iron Man, modalidade do Triatlo.

Grave essa mensagem. Parece simples, mas não é. Talvez um grande desafio seja atingir um ponto em que cada um de nós seja capaz de, humildemente, reconhecer que está errado. E, revendo a nossa opinião, possamos a agir de maneira diferente, buscar uma nova e mais adequada solução que colabore para que sejamos pessoas ou profissionais melhores.

O conhecimento é fundamental para fortalecer a busca pelo que nos motiva, o que nos entusiasma, o que nos faz despertar para um novo dia, uma nova tarefa, um novo caminho, com uma grande disposição, força e vontade.

A importância do conhecimento está vinculada ao quanto ele o diferencia dentro de um grupo de convivência, na sua comunidade familiar, profissional. Mais ainda do que isso, o quanto ele colabora para que você, ao utilizá-lo, fomente transformação, melhoria do ambiente ao seu redor, gerando motivação, despertando as pessoas. E que tudo isso sirva para ampliar os negócios, melhorar os resultados de sua empresa. O conhecimento é elemento comparativo na diferenciação e na distinção das pessoas e dos profissionais.

Quando colocamos foco na ideia de "conhecer e entender para atender melhor", é preciso fazer uma pequena reflexão sobre o que costumo chamar Teoria do Eu, Nós e Eles. Ou seja:

- **Eu** – relativo à necessidade de cada um de nós na busca do autoconhecimento;
- **Nós** – relativo ao conhecimento de nosso negócio, empreendimento, empresa, mercado;
- **Eles** – relativo ao conhecimento de nossos clientes e de nossos concorrentes.

Eu – Autoconhecimento

Nos conhecemos?
ESPIRITUAL+PESSOAL+PROFISSIONAL

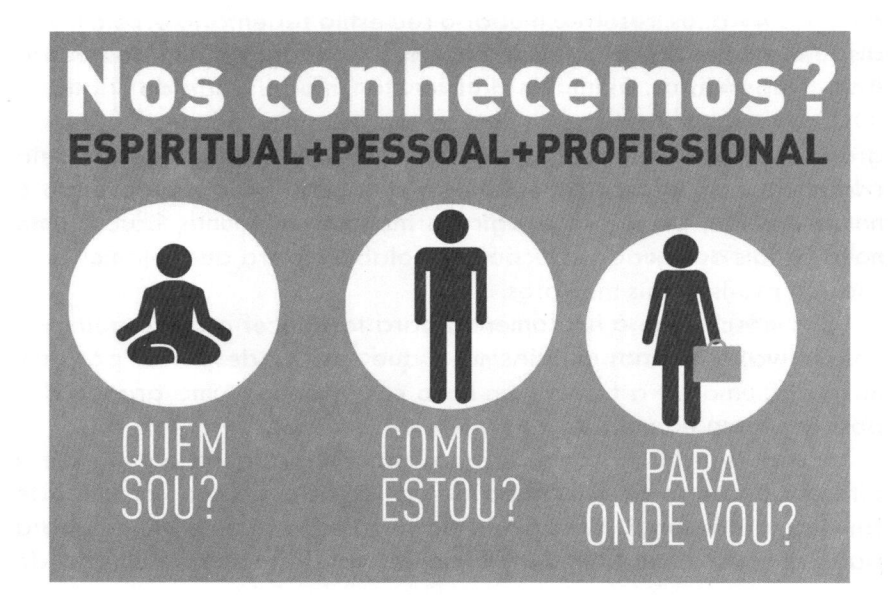

QUEM SOU? COMO ESTOU? PARA ONDE VOU?

QUEM SOU?

Na filosofia, o autoconhecimento traduz a necessidade de o indivíduo ter conhecimento sobre si. Quando adquire uma grande quantidade de conhecimento, extrai entendimento, o aplica na sua rotina diária e o propaga. Pode-se dizer que ele é dotado de sabedoria.

O autoconhecimento, segundo a psicologia, significa o conhecimento de um indivíduo sobre si. A prática de se conhecer melhor faz com que uma pessoa tenha mais controle sobre suas emoções, tendo do outro lado, como referência, a razão. De maneira metafórica, seria o cavalo a emoção, a rédea a razão e o autoconhecimento o controle que temos, do galope ao trote da emoção, sob as rédeas da razão.

No campo espiritual, será que todos nós temos entendimento sobre o nosso papel no mundo, como seres humanos? As nossas crenças, sejam elas quais forem, católica, evangélica, espírita, budista, judaica, muçulmana, nos indicam um caminho? Definem uma direção a seguir? Além da religião, será que o passar dos anos, o amadurecimento, o estudo da psicologia, filosofia nos ajudam nessa busca?

As nossas experiências de vida nos amadurecem, para que sejamos menos julgadores, mais tolerantes conosco, com nossos filhos, pais, amigos, animais de estimação? Tudo isso nos traz o tão necessário equilíbrio?

Como cidadão, filho, pai, marido, líder, temos um padrão de comportamento do qual possamos nos orgulhar? Somos exemplos para o mundo? Quem sou eu e que influência exerço no mundo? Pense bem sobre estas frases:

"Filho não precisa de conselho, precisa de exemplo"
"Líder não dá conselho. Antes de tudo, dá exemplo"

Que exemplo você é para o mundo a sua volta?

Palavra do especialista
Gilberto Cabeggi fala sobre o autoconhecimento como passo inicial para nos entendermos melhor:

> O sentimento de pertencimento é umas das mais fortes razões que nos movem. A felicidade só chega quando nos sentimos parte de algo maior. Por isso, conhecer a nós mesmos é tão importante. A partir do autoconhecimento, somos capazes de responder a três questões fundamentais da nossa existência: 1. quem sou eu, ou ainda, onde eu me encaixo nesta vida?; 2. Qual é o meu propósito?; 3. Estou, realmente, cumprindo o meu papel nesta vida?. Sem essas respostas, existir deixa de ter sentido.
> Gilberto Cabeggi[1]
> (escritor e assessor de escritores e palestrantes)

COMO ESTOU?

E o seu corpo físico? Você o conhece e o respeita? Como você o trata? Temos consciência desse empréstimo que recebemos para acomodação de nossa alma, de nosso espírito? Afinal, somos uma alma que tem um corpo e não um corpo que tem alma.

Nós nos tratamos de maneira correta em relação a aspectos como comidas, bebidas, vícios, desgastes emocionais, desgastes físicos, sono e lazer? Entendemos e nos tratamos com uma boa manutenção preventiva ou corretiva?

Pense sobre isto: "Dá para aceitar que uma pessoa com um mínimo de inteligência fume ou beba sem moderação? Se drogue em busca de experiências novas? Se drogue para buscar consolo? Maltrate o seu organismo, alimentando mágoas, tristezas, ódios que, comprovadamente, são geradores de muitas doenças?".

PARA ONDE VOU?

E no campo profissional? Administramos a nossa carreira com a devida competência? Quantos idiomas falamos além do inglês, francês e o

---

[1] Ajudando você a transformar ideias em livros de sucesso: https://gilbertocabeggi.com.br).

alemão? E o mais importante, você é um "poliglota corporativo" — aquele profissional que consegue falar todas as línguas dentro de sua empresa, com os respectivos setores, passando pelos exatos, os metódicos das áreas técnicas, os emocionais, criativos da área de marketing, os acelerados do comercial e, é claro, o seu cliente e o seu mercado?

Estamos constantemente nos preparando com cursos e treinamentos? Estamos antenados e por dentro de tudo o que acontece no universo econômico, politico, corporativo, esportivo? Administramos a nossa carreira como uma empresa? Fazemos uma boa gestão financeira de nossas vidas, temos planejamento a médio e longo prazos? Temos uma noção de nossas fraquezas e pontos positivos? Recebemos e entendemos os *feedbacks* de nossos superiores, ou de nossa equipe? Trabalhamos para melhorar esses pontos, criando mais oportunidades em nossa carreira?

Não tenha dúvida de que o equilíbrio está entre essas três forças: Quem sou? Como estou? Para onde vou?

O que nos leva ao sucesso. Qualquer fato imprevisto, em cada uma dessas áreas, pode gerar um desequilíbrio e daí em diante o nosso desempenho não será satisfatório. Lembre-se disto: o profissional que se vira, que não é quadrado, mantém uma vigilância constante sobre esse importante tripé.

Palavra do especialista
Alessandra Canuto, coach, palestrante, escritora, nos dá uma dica de como o autoconhecimento contribui para a melhoria do atendimento:

> Quanto mais nos conhecemos, mais nos potencializamos! Isso acontece porque nos tornamos conscientes dos nossos objetivos e propósitos, fortalecemos nossos pontos fortes, e tudo isso nos ajuda a criar imunidade às dificuldades. Ao nos conhecermos, conseguimos compreender melhor o papel das emoções no nosso dia a dia e, com isso, usamos a intenção positiva das emoções negativas para transformar desafios em oportunidades. Dessa maneira, usamos

a nossa melhor versão para nos relacionar com as pessoas tanto na esfera pessoal quanto profissional. Aumentamos o nível de confiança. E como atender é se relacionar, acabamos gerando melhores negócios.

Allessandra Canuto[2]

NÓS – CONHECENDO O NOSSO NEGÓCIO

CONHECIMENTO TÉCNICO   CONHECIMENTO ESTRATÉGICO   CONHECIMENTO COMERCIAL

Qual é o nosso negócio, produto, serviço? Qual é a nossa área, produção, terceirização, representação? Qual é o nosso mercado? Atacado, varejo, compra, venda, revenda, *internet*? O que rege o nosso mercado: preço, serviço, especialidade? Qual é o nosso nicho? O que nos diferencia no mercado?

Conhecemos mesmo, entendemos esse universo em torno do nosso negócio? Dominamos tecnicamente, comercialmente, todos os detalhes que envolvem o nosso produto ou serviço? Da mesma forma, atuamos estrategicamente em toda a cadeia que envolve o nosso produto ou serviço?

Comercialmente, somos eficazes de abordagem ao nosso cliente?

Dentro das categorias e estruturas do mercado, fazemos nosso atendimento se transformar em diferencial competitivo?

Por mais que você esteja em um nicho de mercado onde seja o único fornecedor, ou, no outro extremo, mesmo que esteja em um

---

2   www.alleaolado.com.br / (11) 99508-9500

mercado superdisputado, povoado de concorrentes, ainda assim o atendimento será um fator de desempate.

Engana-se o profissional que, se aproveitando da condição privilegiada por carência do mercado ou falta de uma concorrência, passa a tratar o seu cliente sem um alto padrão de atendimento. O mercado é dinâmico e, no momento em que o poder, o fator preponderante, mudar de lado, a memória de quem compra e foi mal atendido virá à tona, e as represálias podem acontecer.

Vale aqui lembrar uma frase do palestrante e especialista em vendas e negociação, Alexandre Lacava: "A venda acontece quando a necessidade encontra a lembrança".

Então, cuide para que essa lembrança que o cliente tem de você e de sua empresa seja sempre positiva.

ELES – CONHECENDO NOSSOS CLIENTES

Neste momento, quando falamos "eles", estamos nos referindo ao nosso cliente e também ao nosso concorrente. Ambos são fontes ricas de informação. No primeiro caso, dos nossos clientes, o objetivo maior de qualquer empresa deve ser atendê-lo bem, surpreendê-lo. Esse é o desafio para conquistá-lo e fidelizá-lo.

Portanto, quando falamos sobre os nossos clientes, devemos pensar em conhecê-los claramente e entendê-los, para podermos atendê-los melhor. Devemos, diariamente, redobrar esforços para mantê-los, pois, como disse Sam Walton, fundador do Walmart: "Só o cliente tem o poder de escolha. Ele pode virar as costas para um mau atendimento e buscar novas oportunidades na concorrência".

Note que, em termos corporativos, o seu cliente não é apenas o setor que compra, mas também o que desenvolve, planeja, faz *marketing*, produz e distribui. Daí a necessidade imperativa de conhecer a fundo com quem você negocia, a fim de entender suas particularidades, na busca de prestar o melhor atendimento. Portanto, conhecer o cliente significa ir muito além do contato com a área de compras, você precisa saber qual é a estratégia do negócio, como trabalha o seu departamento de marketing, o que planeja um setor de engenharia, o que tem como meta de produção a área industrial, logística, o que o setor de atendimento ao cliente tem a contribuir com seus *feedbacks*, e muito mais.

SWOT: PONTOS FORTES, PONTOS FRACOS, AMEAÇAS E OPORTUNIDADES

Nosso cliente é também uma fonte inesgotável de pesquisa. Ele pode nos ajudar a responder, por exemplo, questões como:

- O que nos diferencia ou nos prejudica em termos de atendimento?
- O que podemos fazer para melhor atendê-lo?
- O que pode pôr em risco a nossa relação?

Esta pesquisa gratuita está à disposição daqueles que, usando de habilidades, aprendem a fazer as perguntas certas, cujas respostas serão fontes de melhoria para o seu desempenho em vendas e atendimento ao cliente. Com uma pesquisa bem-feita e direcionada, é possível descobrir onde estão os nossos pontos fortes, os pontos fracos, as ameaças e as oportunidades no que diz respeito ao atendimento ao cliente.

FONTE DE INFORMAÇÃO: CLIENTE

1- O que nos diferencia em termos de atendimento?
(pontos fortes)

2 - O que em nosso atendimento está abaixo de sua expectativa?
(pontos fracos)

3 - O que é preciso oferecer para melhor atendê-los?
(oportunidades)

4 - O que pode atrapalhar o nosso relacionamento comercial?
(ameaças)

Eles – conhecendo nossos concorrentes

No segundo caso que mencionei, o dos nossos concorrentes, o objetivo maior de qualquer empresa deve ser conhecê-los tão bem quanto for possível. Esse é o desafio. Os nossos concorrentes representam ótimas referências comparativas. São uma fonte diária de consulta, de aprendizado.

Devemos agradecer a presença do concorrente ruim no mercado, ele é base comparativa, servirá sempre para que o nosso cliente nos valorize, crie referências de bom atendimento. Um concorrente ruim também nos alerta sobre o que devemos evitar em termos de posicionamento, postura, mau atendimento.

Os melhores concorrentes nos inspiram, pois são alvos a serem atingidos, são objetos de referência, nos servem de inspiração para que possamos melhorar e atingir um nível mais alto de eficiência no atendimento.

O que provoca melhoria no mercado é a livre concorrência. Neste particular, o desafio da geração que "se vira" é explorar, ao máximo, todos os seus diferenciais, para que o fator preço tenha o seu peso inicial, mas em uma visão macro, não seja o fator decisivo.

Atributos como inovação, logística, novas tecnologias, desenvolvimento, produtividade, interligação eletrônica (*eletronic data interchange*), proatividade, disponibilidade, tudo isso, somado ao fator bons relacionamentos, pode, sem dúvida, fazer a grande diferença no atendimento ao cliente.

Note também que, dentro das estruturas básicas de mercado, onde além da livre concorrência temos concorrências específicas, com produtos focados em determinados segmentos, uma aparente vantagem de determinado fornecedor não o torna senhor absoluto daquele setor do mercado.

Por exemplo, no universo de embalagens, quando se trata dos setores farmacêutico e veterinário, poucas são as empresas que atendem aos prerrequisitos da legislação vigente, normas de BPF (Boas Práticas de Fabricação), GMP (Good Manufacturing Practises).

No caso do segmento de cosméticos, poucas empresas podem oferecer os diferenciais de que falei anteriormente e ainda dispor de maior quantidade de opções em acabamentos especiais de embalagens, para agregar valor ao produto e à marca.

SE VIRA! VOCÊ NÃO É QUADRADO!

Em ambos segmentos alinhados aos nossos fornecedores de matérias-primas, como Cia Suzano, Klabin, Ibema MD, fazemos um trabalho técnico sobre o material recebido, tanto em termos visuais na área de impressão, também em acabamento de superfície, vernizes, laminações, *hot stamping*, relevos, corte-vinco, colagem, ações que permitirão que o nosso material tenha um desempenho superior que a concorrência em equipamentos automáticos de alta velocidade nas linhas de produção desses clientes.

Nesses casos específicos, como também nos casos dos monopólios e oligopólios, é preciso atenção ao atendimento ao cliente. Pois, mesmo com tantos fatores a favor, se não atendemos bem, estaremos em risco de criar um relacionamento desgastante com o cliente. Os prejuízos dessa situação podem não ser imediatos, mas ficarão na lembrança daquele que foi mal atendido.

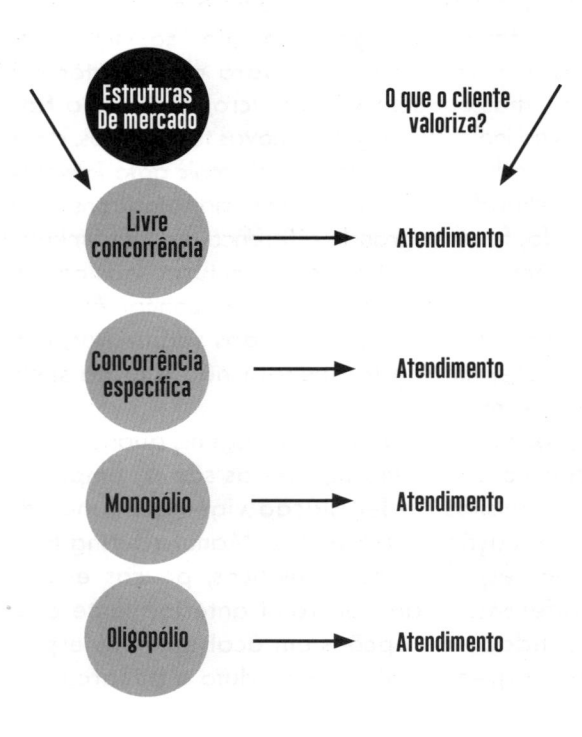

Estruturas De mercado	O que o cliente valoriza?
Livre concorrência	→ Atendimento
Concorrência específica	→ Atendimento
Monopólio	→ Atendimento
Oligopólio	→ Atendimento

Entendimento

O entendimento é o amadurecimento do processo de conhecimento. Ele acontece quando recebemos conhecimento, assimilamos e permitimos que ele nos modifique, nos faça interpretar o mundo de forma diferente, nos faça evoluir nas diversas questões que envolvem os eventos que participamos ao longo de nossa vida, tanto no campo pessoal, que engloba nosso universo espiritual, como profissional.

O entendimento é a etapa que precede o melhor atendimento. Com base nele podemos rever estratégias, repensar e revalidar processos e procedimentos de nosso dia. O entendimento vem a partir de um perfeito conhecimento de alguns aspectos fundamentais, como a seguir:

Eu e a empresa

A empresa, independentemente do seu tamanho, tem também o seu tripé básico de sustentação, e tem a necessidade de analisá-los periodicamente.

QUEM É A EMPRESA?

Ela tem uma identidade que, muitas vezes, vai além de sua visão e missão, seu propósito. Existe um caráter social que diz respeito ao papel dela na comunidade e no mundo corporativo. Essa abordagem impacta diretamente na relação com seus colaboradores seu grande valor, pois da qualidade desse relacionamento, dentro de uma cadeia interna, o atendimento aos clientes será fortalecido.

COMO ESTÁ A EMPRESA?

O aspecto organizacional é preponderante para qualquer empresa. Neste particular, a engenharia financeira, suas derivações bem detalhadas, planejamento a médio, longo prazo serão base para que qualquer empresa sobreviva. Independentemente do tamanho da empresa, um rigoroso e constante controle das despesas, estoques de matéria-prima, produto acabado, redução dos desperdícios, melhoria da produtividade são o que significará longevidade.

PARA ONDE A EMPRESA VAI?

Qual é o caminho que a empresa opta em termos estratégicos? Como ele cuida do capital humano, treina e retém talentos? Existe um plano de carreira para os seus principais executivos? Tem uma política de remuneração/benefícios motivadora?

A empresa trabalha a questão da inovação de forma estratégica? Pensa e planeja pensando sempre em cinco ou dez anos à frente? Não precisamos fazer muito esforço para lembrar quantas grandes empresas sucumbiram nos últimos anos, por não saberem onde estavam, ou para onde iam. Veja se você conhece algumas delas:

Blockbuster, Kodak (a que era líder no mundo fotográfico e criou a primeira câmera digital), Yahoo, Xerox (o nome mais famoso de uma cópia), My Space, Orkut (pioneiros em redes sociais), Atari, Blackberry, Palm (que não teve um *palm top*?), Lehman Brothers.

No Brasil, temos: Rede Tupi, Rede Manchete, Intelig, BCP, Banco Nacional, Comind, Bamerindus, Mappin, Arapuã, Mesbla, Lojas Buri, Lojas Brasileiras, Sears, TransBrasil, Varig, Vasp, Golden Cross, Amesp. No segmento de embalagens, infelizmente, uma empresa a cada dois ou três anos também agoniza — listei mais de 30, nos últimos 20 anos.

Em alguns casos, o fenômeno da evolução tecnológica provoca mudanças disruptivas, como é o caso do fim das locadoras de filmes, as máquinas fotográficas com filmes, videogames (cada vez mais interativos e com qualidade 3D), os *smartphones* multifunções, enterrando de vez o GPS, além de inúmeras agendas eletrônicas.

Mais recentemente, temos empresas exponenciais que, com pouco ou nenhum ativo físico, muito domínio tecnológico, inseridas no contexto da nova realidade, conseguem ter mais valor do que as empresas concorrentes nos modelos tradicionais. A Airbnb, por exemplo, tem um maior número de quartos de hotel disponíveis no mundo do que as grandes redes hoteleiras, sem possuir um único hotel físico. A Uber não possui veículos, mas atua com sucesso num segmento em que os modelos antigos de frotas de táxi são superados pelo domínio da informação e a gestão de eficiência no atendimento aos passageiros.

Esses e muitos outros são exemplos de casos que fazem parte de um novo perfil de empresas tecnológicas, da mesma forma, disruptivas. Porém, é importante perceber que os bancos não deixaram de existir, as lojas de departamento muito menos, as redes de TV, as companhias aéreas continuam na ativa.

A pergunta que fica é exatamente: "Por que tantas empresas quebraram e outras não?". Basicamente, a falta de conhecimento do próprio negócio, dos concorrentes e, principalmente, dos clientes, não permitiu entender o suficiente para atender melhor, para se manter vivo e presente na vida das pessoas que essas empresas atendiam.

Entender como a sua empresa está e para onde ela vai implica diretamente no seu preparo para atender melhor o seu cliente.

PROPRIEDADE EMOCIONAL

Propriedade emocional é o conjunto crescente de suas experiências de vida. Experiências profissionais e acadêmicas, acrescidas de uma boa dose de inteligência emocional, que confere ao profissional um grau de entendimento amplo sobre as relações humanas, inserindo-o nos vários grupos de convivência da sociedade, com a sua marca pessoal de atendimento, é o que o distinguirá dentre as demais pessoas, gerando admiração, preferência e mais oportunidades.

A evolução do profissional no ambiente corporativo é marcada pelo acúmulo de conhecimento oriundo da educação formal e de suas experiências vivenciais.

Com o passar do tempo, vamos personalizando a nossa atuação em diversas situações do dia a dia profissional e pessoal. Em algum momento, uma boa postura, percebida pelas pessoas satisfeitas com o nosso atendimento, nos identificará, distinguirá das demais pessoas, dos demais profissionais, gerando preferência no momento de escolha do cliente, por um bom atendimento. Essa escolha manifestada pelo cliente fará parte de nossa marca pessoal, algo que nos pertence, é intransferível e deve ser aprimorada cada vez mais.

O nosso grande desafio é, efetivamente, ampliar o tamanho e o valor de nossa propriedade emocional, isso se dará por meio da soma de nossos esforços na direção da ampliação de nosso conhecimento, do entendimento que extraímos dele, o que tornará nossas decisões e opiniões cada vez mais valorizadas. Esse fator se amplia ainda mais quando é somada à nossa inteligência emocional a habilidade de conviver dentro dos diversos níveis do mundo corporativo, transitando em sintonia com todas as frentes, de forma harmônica, agregando aos grupos de trabalho por onde passamos, gerando afinidade, reciprocidade, preferência e apoio de nossos pares, de novo, regras de Robert Cialdini, o guru da persuasão.

À medida que evoluímos em efetividade pessoal, mais ampliamos a nossa propriedade emocional, que é, no fundo, uma característica única que nos pertence, que representa o que somos e como atendemos, percebida por todos os nossos interlocutores. É a imagem que construímos em todos os nossos campos de atuação, ao longo de nossa carreira, gerando, por parte de quem foi bem atendido, o desejo de retribuir fazendo jus ao bom trabalho executado.

A partir dessa, mais e mais pessoas passarão a optar por você, a procurá-lo e a torcer a seu favor. Então, amplie cada vez mais a sua propriedade emocional e colha os benefícios! Se vira, você consegue!

Atendimento 13

Atendimento é ato ou efeito de atender, em uma definição bem simplista, comercialmente falando, é a ação que une um produto ou um serviço ao desejo de consumo. O que torna essa ação mais complexa e importante é a disponibilidade, a variedade de produtos e serviços versus o perfil do consumidor. Em outras palavras, quando não há opções de compra, o atendimento não é diferencial, porque como consumidor ou cliente você é obrigado a consumir o que há disponível, e depressa, pois o fenômeno da escassez passa a ser mandatório.

A Revolução Industrial, o advento da *internet*, a globalização e o salto do universo da informática, as redes sociais e o *e-commerce* trouxeram um leque maior de produtos, serviços e opções. Por outro lado, a evolução do consumidor e dos códigos de proteção deram ao comprador um poder de escolha também maior, felizmente.

O cuidado com o atendimento é um dos fatores mais importantes nas relações humanas e de negócios. Feito com excelência, remete à filosofia cristã, quando nos lembra que devemos tratar o outro como gostaríamos de ser tratados. Ou seja, precisamos conhecer o outro, colocar-nos em seu lugar, oferecer-lhes o nosso melhor, atendendo e até superando a sua real expectativa.

SE VIRA! VOCÊ NÃO É QUADRADO!

Isso vale para o seu cliente, assim como para todo e qualquer semelhante seu, como um desconhecido a quem tratamos bem, pares da cadeia interna de nossa empresa, familiares, esposas, maridos, filhos e amigos.

Superar expectativas deve ser a nossa meta, para que a forma diferenciada como tratamos o outro possa virar referência, tornando a experiência para quem é bem atendido um motivo de fidelidade e preferência no momento da escolha de seus produtos, serviços, fornecedores, empresas, marcas e até mesmo do profissional por quem quer ser atendido.

Atender bem gera negócios, retém e renova clientes, multiplica e potencializa resultados. Atender bem é saber usar a organização a nosso favor.

O QUE O CLIENTE VALORIZA

14

Você já se perguntou o que os clientes esperam de nós? Conduzi uma pesquisa há alguns anos, com aproximadamente 100 profissionais, entre diretores, gerentes, compradores e influenciadores na decisão de compra, e divido agora com vocês o resultado que obtive:

O que o cliente valoriza?

- RELACIONAMENTO: 16,6%
- APRESENTAÇÃO: 6,5%
- PRESENÇA: 5,5%
- CONHECIMENTO: 29,6%
- DISPONIBILIDADE: 20,4%
- PROATIVIDADE: 21,3%

Fonte: pesquisa Sd Lopes 2010.

SE VIRA! VOCÊ NÃO É QUADRADO!

Observe que o conhecimento sobre o produto ou serviço é, sem dúvida, o maior diferencial, com quase 30% das respostas. O que é um fato: nos sentimos mais confortáveis quando quem nos atende demonstra essa qualidade. Quem compra procura um ombro acolhedor que o receba, dê detalhes, opções e apresente boas condições. Essa regra vale para todo tipo de atividade, quando se compra um veículo, um eletrodoméstico, roupas, quando se corta o cabelo. Quando tratamos de nossa saúde, de nosso lazer, investimentos, feliz de quem tem do outro lado esse raro elemento.

Quem quer atender bem precisa, também, ser proativo (22%) e sair na frente para propor soluções, projetos. Precisa estar disponível (20%) para dar ao cliente a atenção que ele quer e merece.

Próximo a essas qualidades estão a capacidade e disposição para estabelecer um bom relacionamento, a capacidade de se fazer querido e respeitado pelo cliente – pois isso define o quanto nos sentimos confortáveis enquanto compramos. Pense bem: nos sentimos muito mais satisfeitos e seguros quando compramos algo de quem confiamos, com quem temos uma boa relação e proximidade.

Observem, fechando o assunto, que uma boa apresentação é desejável, assim como a presença agradável, mas tornam-se secundárias diante dos três quesitos anteriores, que se juntam ao relacionamento para formar a base de sustentação de todos os negócios.

Palavra da especialista Simone Simon

Você, leitor, a esta altura do campeonato, já deve ter compreendido que realmente precisa se virar para oferecer um atendimento de alto nível, diferenciado, e que promova mais do que o encantamento do seu cliente, mas que o transforme num defensor da sua marca. Para isso, Simone Simon, especialista em negociação e autora do livro "Faça ser fácil: negocie e obtenha resultados extraordinários na vida, na carreira e nos negócios[1]", defende a negociação relacional. Ou seja, para negociar melhor, fechar acordos que atendam aos interesses das partes e que façam seu cliente retornar, fazer novos negócios e recomendar a sua empresa, a chave está na construção do relacionamento de longo prazo, baseado em respeito, confiança e credibilidade. Muitos vendedores se focam majoritariamente no argumento e no fechamento da venda, porém, essas são etapas que somente serão alcançadas caso você invista tempo e energia para conhecer profundamente quem é seu cliente e o que ele busca. Sendo curioso, fazendo perguntas e se interessando genuinamente, você consegue identificar quem é seu cliente, o que ele compra, quais benefícios procura, quais medos e necessidades possui, e o que o levaria a fechar – ou não – negócio com você. A partir disso, fazer uma proposta correta e pertinente fica muito mais fácil, torna a sua oferta irresistível e fecha acordos positivos para ambos os lados.

---

1 www.simonesimon.com.br

NEGOCIAÇÃO

Para atender bem é preciso saber negociar!

Digo que há três coisas que fazemos repetidamente, diariamente: atendemos, negociamos e escolhemos. Começamos o nosso dia negociando: negociamos conosco por um tempo a mais na cama ao acordar, ao escolher uma roupa para vestir, o que vamos comer no café da manhã... E então seguimos em uma sucessão de negociações diárias no âmbito pessoal e profissional. Precisamos entender que do outro lado da mesa está sempre alguém que precisa ser atendido em seus desejos e necessidades, cada um com suas características específicas e suas particularidades.

Do outro lado podem estar mulheres, quando negociamos com elas, precisamos estar atentos às suas características. Comprovadamente, elas são afetivas, pacientes, observadoras, cooperativas, conseguem focar nos objetivos múltiplos da negociação e, além de tudo, sorriem mais do que os homens.

As pesquisas comprovam que as mulheres compram ou influenciam na aquisição de 80% de todos os produtos de consumo, isso inclui 51% dos aparelhos eletrônicos, 75% dos remédios, 80% dos cuidados com a saúde e beleza, 50% nas decisões de compra de carros e 80% das vendas dos mesmos.

As mulheres compram 50% dos computadores e são, em média, 49% das investidoras do mercado de ações; 40% dos grandes negócios familiares são dirigidos por mulheres que iniciam negócios em quantidade duas vezes superiores aos homens.

O amigo, professor, publicitário, Fabio Mestriner, uma grande referência do setor de embalagem, conta uma história interessante:

Certa vez, a sua agência ganhou uma campanha para um grande fabricante de roupas íntimas masculinas. O seu trabalho começou com uma pesquisa sobre os hábitos de compra desses consumidores.

Com surpresa, constatou que a maioria das cuecas são compradas por mulheres, na condição de mães, esposas ou namoradas. Então eram elas, e não os homens que, com certeza, mais poderiam opinar sobre as preferências sobre essa peça íntima masculina.

Do outro lado da mesa podem estar os homens, que são mais racionais, competitivos, equilibrados emocionalmente, formais e impacientes. Vamos adiante, independentemente do gênero dos clientes, precisamos levar em conta o estilo específico dos negociadores, que podem ser:

- **Cautelosos:** o que se fundamenta em dados precisos, conduz cada etapa com base em premissas que assegurem cada detalhe do que venha a ser fechado;
- **Estruturadores:** o que cumpre um passo a passo dentro da negociação, seguindo um cronograma que tende a deixá-lo confortável ao final do processo;
- **Influentes:** o que usa a sua habilidade emocional para conquistar o lado oposto, tendo como estratégia influenciar o negócio na direção de sua opinião ou posição;
- **Dominadores:** o que conduz a negociação com base em seus pontos de vista, forçando que todo negócio seja conduzido ligado a sua coordenação e domínio;

Quantos outros estilos de clientes ainda existem?

Por que não falar também do perfil regional de cada negociador? Paulistas, cariocas, gaúchos, mineiros e nordestinos têm gostos e preferências diferentes ao sentar à mesa de negociação, concorda?

Vejam a seguir dados de um trabalho realizado por um instituto de pesquisa[1], levantando o perfil regional dos compradores:

Carioca
Extroversão e informalidade. Os cariocas têm grande capacidade de adaptação. A informalidade excessiva, no entanto, pode soar como falta de compromisso com resultados e pouca capacidade de organizar ideias, especialmente diante de pessoas mais assertivas.

Mineiro
Calma e desconfiança. Tranquilos e prudentes na hora de fechar um acordo, negociadores mineiros também costumam ser bons de barganha. A desconfiança e o silêncio, porém, podem deixar a outra parte insegura, receosa de revelar informações importantes.

Paranaense
Conservadorismo e frieza. São objetivos e focados no fechamento do negócio. Às vezes, assumem uma postura muito formal, o que pode dificultar uma conversa mais aberta. Saiba respeitar o espaço pessoal.

Gaúcho
Altivez e franqueza. Os gaúchos são objetivos e gostam das coisas ditas de maneira direta, sem rodeios ou divagações. O X da questão é que o orgulho e um certo excesso de autoestima podem prejudicar a negociação.

Paulista
Orgulho e ousadia. O negociador paulistano é organizado, objetivo e trabalha por resultados. Pode parecer frio e sistemático.

---
1 Fonte: administradores.com.br

Usar um tom mais conciliador ajuda a diminuir as barreiras e até a acelerar o desfecho do negócio.

Nordestino

Criatividade e disponibilidade. Os nordestinos sempre usam a sua criatividade para encontrar soluções que evitem o confronto direto. São também muito prestativos. É importante, no entanto, serem firmes na defesa de suas propostas.

Sem pensar em um mundo globalizado onde as distâncias estão cada vez mais curtas, os costumes de cada país, região ou comunidade econômica também se chocam e devem, por isso, ser muito bem avaliadas, estudadas para termos sempre em mente um modus operandi diferente.

Princípios Básicos da Negociação

E qual o grande objetivo de uma negociação? Sem dúvida, tem que ser o "ganha-ganha". Nenhuma transação que termine com um lado vencedor e um outro perdedor pode ser considerada boa. É preciso respeitar os princípios básicos de persuasão de Robert Cialdini, para negociar e atingir melhores resultados.

Reciprocidade

Oferecemos e temos contrapartida? Você é o primeiro a oferecer, conceder? Sente o efeito desse ato simples, em qualquer circunstância, mas de grande valia no universo pessoal e dos negócios?

Na vida, aquele que oferece, gratuitamente, um sorriso, uma gentileza, um carinho ganha o crédito da reciprocidade. No mundo corporativo, no universo do varejo, no atacado, nas grandes negociações, essa regra também pode nos ajudar. Quantas vezes, ao receber uma amostra grátis de um produto num supermercado, numa loja de departamentos, um confeito no trânsito, um *drink* num setor de bebidas, nos sentimos compelidos a adquirir tal produto?

O olhar de sua esposa, namorada, paquera, amiga, mãe, sogra, mulher será diferente ao receber um singelo ramalhete de flores. A partir daquele momento, um compromisso silencioso de reciprocidade se fecha.

Ao visitar um novo ou velho amigo, a entrega de uma garrafa de vinho ou um bombom será um salvo-conduto para que ele venha a retribuir essa gentileza. Pense nisso sempre de forma "natural e sincera".

O que pode ser feito no seu ambiente de negócios, de forma ética e profissional, para valorizar o seu produto, oferecendo uma contrapartida para o seu cliente? Condição de pagamento, logística personalizada, JIT(*Just In Time*)[2], EDI (*Eletronic Data Interchange*)[3]? Seja o que o for, seja o primeiro a oferecer, e colha os benefícios.

Segundo Turban, EDI pode ser definida como o movimento eletrônico de documentos, padrão de negócios entre ou dentro de empresas. O EDI usa um formato de dados estruturado de recolha automática que permite que eles sejam transformados sem serem reintroduzidos.

Além disso, Turban considera que o uso primário do EDI é transferir transações de negócio repetitivas tais como: encomendas, faturas, aprovações de crédito e notificações de envio (Wikipédia).

Afinidade

Esforçamo-nos em explorar afinidades em nossas relações? Utilizamos a empatia como forma de entendimento do outro lado? De forma autêntica, temos o hábito de elogiar, nos juntar às causas que nos tornam semelhantes, que nos levam à cooperação mútua?

Interessante como surge a sinergia a partir das semelhanças — mesmo em times de futebol, religião, filhos e sobrinhos em idades próximas, animais de estimação, posicionamento político, gostos musicais, artísticos e tantas outras situações. Insisto na frase "de forma autêntica, sincera". Essas afinidades abrem portas também para as boas relações de negócios.

O meu filho, hoje com 27 anos, cortou o cabelo pela primeira vez num cabeleireiro aos seis meses. Marildo, além de ter muito jeito com

---

2 JIT – *Just in time* é um sistema de administração da produção que determina que nada deve ser produzido, transportado ou comprado antes da hora certa. Just in time é um termo inglês que significa, literalmente, "na hora certa" ou "momento certo".
3 EDI – *Electronic Data Interchange* (Intercâmbio Eletrônico de Dados) significa troca estruturada de dados, por meio de uma rede que interligue setores e empresas.

crianças, torce para o meu time, tem filhos na mesma idade, adora futebol. Passados 28 anos, eu continuo cortando o cabelo com ele, porque confio, porque me sinto à vontade e, claro que não é o preço que ele cobra, mas a experiência de afinidade que me faz ter preferência pelo seu corte.

E o que dizer de afinidade com um dentista? Tem que existir. Eu brinco com o meu amigo, Dr. Valter de Souza Jr., de quem sou paciente há anos, confio tanto e aprecio o seu trabalho, que quando chega a época de revisão ou sinto algum incômodo, fico feliz pelo prazer que é revê-lo e atualizar as nossas boas e positivas conversas.

Como todo dentista, ele faz perguntas naquele momento em que estou de boca aberta, não posso fechar e nem responder.

Coerência e compromisso

Conseguimos nos manter coerentes em qualquer momento da negociação? Quando há um compromisso entre as partes, mesmo verbal, a tendência ao fechamento do negócio se amplia.

Ouço de clientes que o grande teste para medir um profissional é na hora do aperto, da não conformidade, do atraso, e não nas horas boas. A posição coerente no momento crítico é que fará o outro lado valorizar o profissional, mesmo que a notícia não seja boa. Sumir nesses momentos é o pior que pode acontecer.

A frase "estou à disposição", para um cliente, tem o mesmo significado do famoso juramento do altar: "Na alegria e na tristeza, na saúde e na doença".

Fique atento ao que você se compromete e aja com coerência sempre, até mesmo quando for necessário admitir um erro a favor do seu cliente, contra a sua empresa.

Escassez e consistência

Trabalhamos a nossa negociação de forma que a nossa oferta e diferenciais representem uma oportunidade que não pode ser perdida? Entendemos a escassez como forma de fazer uma proposta?

Todos gostamos do que é único, personalizado e de saber que temos a oportunidade antecipada de adquirir algo exclusivo. O segredo no mundo dos negócios é transformar a nossa oferta, proposta, em algo que acrescente ao nosso produto um perfil singular.

A Alexandre Mendonça Camisaria faz camisas sob medida. De um lado, temos variedade de tamanhos, formatos, tecidos, tendências de moda; do outro, os mais variados manequins, que ajustam a vestimenta, mesmo quando o braço é curto, o pescoço é largo, e outras coisas a mais. Encontrar nas lojas um tamanho ideal e sem ajuste é também um desafio para os que sofrem com o crescimento lateral.

Mas não é só isso. Peterson, o representante que nos atende com hora marcada, em qualquer dia, horário e local, traz a sua fita métrica, o seu mostruário com tecidos variados, que vão desde um algodão simples a um fio egípcio, cores e combinações maravilhosas, exclusivas, e uma forma gentil e personalizada de tratar os seus clientes. Soma-se a isso a durabilidade do produto e o valor investido compensa imensamente a compra.

Eu mesmo tenho peças com mais de três anos de uso, resistentes às mãos, aos tanques, aos sabões e amaciantes, e mantendo a mesma estrutura perfeita de quando foi produzida. E, no bolso, um monograma com as minhas iniciais, confesso que fica difícil, para mim, até mesmo pensar em comprar outro tipo de camisa.

Além do atendimento personalizado, que é o seu primeiro ponto importante para se tornar parte da lista de exclusividade do seu cliente, o que mais o seu produto pode ter, ser ou representar? Em que sua proposta pode ser diferente em relação à concorrência, para que o seu cliente se sinta "quase que obrigado" a optar por você? Sendo diferente, que prazo máximo você daria para manter uma condição exclusiva?

Pense bem sobre isto: sua proposta tem a consistência que seu cliente espera?

Autoridade

O nosso conhecimento, apresentação e conduta valorizam a nossa autoridade?

Todos queremos ser bem tratados, de forma especial, ser atendidos por alguém que seja uma autoridade no que vende, pois a sua posição como profundo conhecedor do produto ou serviço será o nosso principal apoio, para que todos os pontos mencionados evoluam, gerando ótimos fechamentos de negócios. O domínio dos diversos aspectos técnicos e comerciais nos dará uma vantagem enorme frente à concorrência.

Em outras palavras, pensando nos três componentes de uma mesa de negociação (comprador, produto e vendedor) a venda só se concretizará se os aspectos positivos de cada um desses elementos se tornarem preponderantes para todas as partes. Da mesma forma, qualquer ponto negativo em cada um desses componentes se tornará um obstáculo para o sucesso da negociação.

REGRAS FUNDAMENTAIS DE UMA NEGOCIAÇÃO

Explorando um pouco mais a essência de uma negociação, como eu já disse no parágrafo anterior, uma mesa em que se negocia é composta de três partes:

- O produto ou serviço;
- O comprador;
- O vendedor.

O sucesso da negociação reside nos aspectos positivos de cada uma das partes e intersecção de interesses, sinergia entre eles. Qualquer fator que represente um ponto negativo dificultará o bom andamento e o fechamento da negociação. Analise o gráfico na ilustração a seguir e imagine situações que se encaixem em cada caso apresentado.

REGRAS DE NEGOCIAÇÃO
Comprador x Produto x Vendedor (Responsável pelo Atendimento)

+ / + / + = +

- / + / + = -

+ / - / + = -

+ / + / - = -

+ / - / - = -

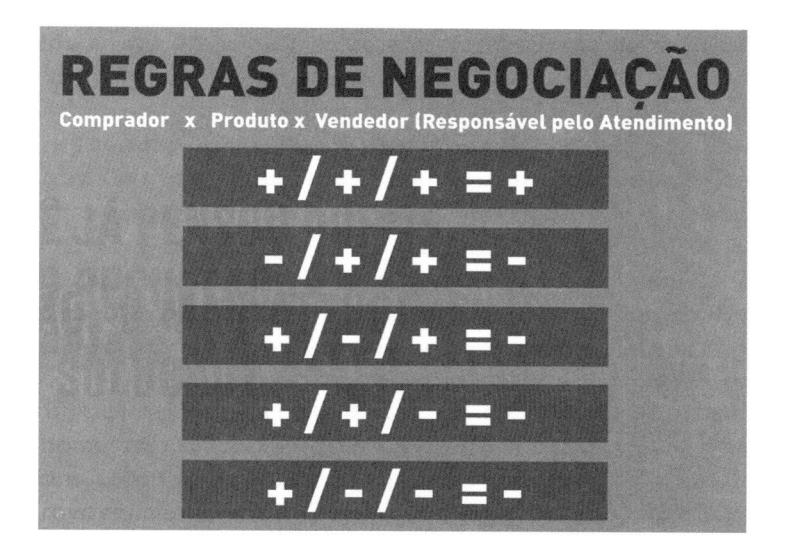

Por exemplo:

• Um comprador não interessado ou que não queira fechar negócio independe de um bom produto ou do bom vendedor, tem como resultado uma negociação malsucedida;
• Da mesma forma, um produto ruim frustra um comprador interessado e não valoriza o bom vendedor. Resultado: negociação malsucedida;
• Um comprador interessado, um bom produto ou serviço não serão decisivos se o vendedor não tiver habilidade na condução da negociação. Resultado: negociação malsucedida.

O detalhe importante é que a aplicação dessa regra é móvel, dinâmica, isto é, não temos sempre a mesma situação, mesmo durante uma única negociação. Quantas vezes passamos por momentos em que tudo parecia certo para o fechamento da venda, mas um detalhe de valor, de condição de pagamento, técnico ou logístico levou a negociação de volta à estaca zero?

SE VIRA! VOCÊ NÃO É QUADRADO!

A habilidade do negociador está, portanto, em conhecer e entender o produto ou serviço e ainda ter domínio sobre técnicas e habilidades para superar eventuais embates, conduzindo a negociação para o fechamento desejado. Como fazer para melhorar o atendimento ao cliente e obter mais resultados e fidelizações de clientes?

- Criar mecanismos internos que validem cada vez mais a habilidade de nosso time em conhecer o nosso produto, especificações, vantagens, diferenciais – por meio de treinamentos, participação em *workshops*, visitas a feiras etc.;
- Buscar uma interface de proximidade e bom relacionamento com o cliente, para juntos trilharmos o caminho das verdadeiras parcerias, com resultados compartilhados entre todos, a chamada negociação colaborativa;
- Explorar e treinar a habilidade de negociação de nosso time.

PALAVRA DO ESPECIALISTA

Alexandre Lacava[4], palestrante, escritor especializado em negociação, nos dá uma dica valiosa:

> Negociamos o tempo todo! Pode parecer exagero, mas o fato é que passamos os nossos dias em seguidas negociações. Negociamos com a esposa ou o marido onde jantar e o que fazer no fim de semana. Negociamos com os nossos filhos o que podem ou não fazer. Negociamos com empresas e chefes por melhores salários e benefícios. Negociamos com clientes e fornecedores as condições que melhor atendem os nossos objetivos. Na vida, tudo depende de negociação. E

---

4 www.alexandrelacava.com.br / Facebook: Alexandre Lacava Palestrante / Instagram: alexandre.lacava / (11) 2306-1882

somos medidos pelos resultados que conquistamos e não pela quantidade de desculpas que apresentamos. O grande problema é que nós, na maioria das vezes, não sabemos negociar e perdemos as melhores oportunidades da vida. É preciso saber negociar muito bem para atingir acordos que gerem a satisfação e os resultados que você quer, deseja e merece, sem deixar de atender também às necessidades dos outros envolvidos na negociação. É por todas essas razões que um dos segredos da excelência no atendimento é saber negociar. Negocie com o seu grupo. Troque ideias, resolva divergências, se relacione com a sua equipe, faça acordos! O resultado natural será o fortalecimento dos relacionamentos entre todos!

Tudo começa com conhecer o seu negócio

O primeiro passo para melhorar o atendimento ao seu cliente, sem dúvida alguma, é saber como você e a sua empresa estão se posicionando, agindo no dia a dia do relacionamento com o mercado e com seus clientes.

Podemos, para isso, usar diversas ferramentas objetivas de análise, como, por exemplo, a eficaz matriz SWOT[1], desenvolvida na década de 1960, na Universidade de Stanford, que rapidamente se transformou num exercício/método utilizado por todas as principais empresas do mundo, na formulação de suas estratégias. Pode-se dizer que a análise SWOT é uma das grandes invenções dos gênios da administração e do relacionamento, eficiente até os dias de hoje, pela simplicidade e objetividade das respostas.

---

1 Análise SWOT ou análise FOFA (em português: forças, oportunidades, fraquezas e ameaças) é uma ferramenta utilizada para fazer análise de cenário (ou análise de ambiente), sendo usada como base para gestão e planejamento estratégico de uma corporação ou empresa, mas, podendo, devido à sua simplicidade, ser utilizada para qualquer tipo de análise de cenário, desde a criação de um blog à gestão de uma multinacional.

A análise SWOT é um sistema simples para posicionar ou verificar a situação estratégica da empresa no ambiente em questão. A técnica é creditada a Albert Humphrey, que foi líder de pesquisa na Universidade de Stanford, nas décadas de 1960 e 1970, usando dados da revista Fortune, das 500 maiores corporações.

O termo SWOT é uma sigla oriunda do idioma inglês, e é um acrônimo de forças (*strengths*), fraquezas (*weaknesses*), oportunidades (*opportunities*) e ameaças (*threats*).

Essas análises de cenário se dividem em:

Ambiente interno (forças e fraquezas): integração e padronização dos processos, eliminação de redundância, foco na atividade principal.
Ambiente externo (oportunidades e ameaças): confiabilidade e confiança nos dados, informação imediata de apoio à gestão e decisão estratégica, redução de erros.

As forças e fraquezas são determinadas pela posição atual da empresa e relacionam-se, quase sempre, a fatores internos. Essas são, particularmente, importantes para que a empresa rentabilize o que tem de positivo e reduza, por meio da aplicação de um plano de melhoria, os seus pontos fracos. Já as oportunidades e ameaças são antecipações do futuro e estão relacionadas a fatores externos, que permitem a identificação de aspectos que podem constituir constrangimentos (ameaças) à implementação de determinadas estratégias, e de outros que podem constituir-se como apoios (oportunidades) para alcançar os objetivos delineados à organização.

Ambiente interno:

• **Strengths:** vantagens internas da empresa em relação às empresas concorrentes;
• **Weaknesses:** desvantagens internas da empresa em relação às empresas concorrentes.

Ambiente externo:

• **Opportunities:** aspectos positivos do concorrente, ambiente de negócios, com potencial de aumentar a vantagem competitiva;
• **Threats:** aspectos mercadológicos, mudança comportamental, inovações, tendências, com potencial de comprometer a vantagem competitiva da empresa.

O ambiente interno pode ser controlado pelos dirigentes da empresa e não são muito difíceis de serem entendidos, uma vez que ele é resultado das estratégias de atuação definidas pelos próprios membros da organização. Dessa forma, durante a análise, quando for percebido um ponto forte, ele deve ser ressaltado ao máximo; e quando for percebido um ponto fraco, a organização deve agir para controlá-lo ou, pelo menos, minimizar o seu efeito.

Já o ambiente externo está totalmente fora do controle da organização. Mas, apesar de não poder controlá-lo, a empresa deve conhecê-lo e monitorá-lo com frequência, de forma a aproveitar as oportunidades e evitar as ameaças. Evitá-las nem sempre é possível, no entanto, pode-se fazer um planejamento para enfrentá-las, minimizando os seus efeitos.

A combinação desses dois ambientes, interno e externo, e das suas variáveis, forças e fraquezas; a junção de oportunidades e ameaças irá facilitar a análise e a procura para tomada de decisões na definição das estratégias de negócios da empresa.

• **Forças e oportunidades:** tirar o máximo partido dos pontos fortes para aproveitar ao máximo as oportunidades detectadas.
• **Forças e ameaças:** tirar o máximo partido dos pontos fortes para minimizar os efeitos das ameaças detectadas.
• **Fraquezas e oportunidades:** desenvolver estratégias que minimizem os efeitos negativos dos pontos fracos e que, simultaneamente, aproveitem as oportunidades detectadas.
• **Fraquezas e ameaças:** as estratégias a adotar devem minimizar ou ultrapassar os pontos fracos e, tanto quanto possível, fazer face às ameaças.

Como podemos verificar, a matriz SWOT ajuda a empresa na tomada de decisão ao nível de poder maximizar as oportunidades do ambiente em torno dos pontos fortes da empresa e minimizar os pontos fracos e redução dos efeitos dos pontos fracos das ameaças.

> Devendo essa análise ser complementada com um quadro que ajude a identificar qual o impacto (elevado, médio ou fraco) que os fatores podem ter no negócio e qual a tendência (melhorar, manter ou piorar) futura que eles têm no negócio. A matriz SWOT deve ser utilizada entre o diagnóstico e a formulação estratégica propriamente dita. A aplicação dessa análise num processo de planejamento pode representar um impulso para a mudança cultural da organização. Conhecer o nosso cliente e o nosso concorrente é uma das formas de entender o que são oportunidades e ameaças. Com base nisso e em nossas análises internas, sem dúvida podemos traçar uma estratégia para médio e longo prazos, definir um cronograma e mensurar tempos, ações e melhorias atingidas.
>
> Wikipédia

Pesquisas mais específicas também são válidas. Internamente, podemos criar um questionário com as respostas que mais nos darão uma direção na análise. Com a ajuda do Survey Monkey (www.surveymonkey.com), uma companhia de desenvolvimento de pesquisas *online*, por exemplo, podemos sofisticar e aprofundar mais as nossas pesquisas.

Em se tratando de atendimento, o IBRC pode desenvolver uma pesquisa específica e traçar para você o seu nível de NPS, forma globalizada internacional de atribuir valores utilizando a diferença entre o número de clientes promotores satisfeitos, que recomendam os nossos produtos ou serviços, e os detratores, aqueles que não recomendariam. Pela regra, um índice igual ou acima de 60 define um grau de satisfação bastante positivo.

Objetivos e Metodologia

13º FSI
FÓRUM DE SOLUÇÕES INTEGRADAS

Usamos o NPS, perguntando: Você recomendaria o serviço para parentes e amigos? Qual a probabilidade de você recomendar, dando nota de 0 a 10, onde 0 = nem um pouco provável e 10 = altamente provável?

Faixa	Classificação
0-6	Detratores
7-8	Neutros
9-10	Promotores

Expostos / Não expostos

Cálculo: NPS = P - D

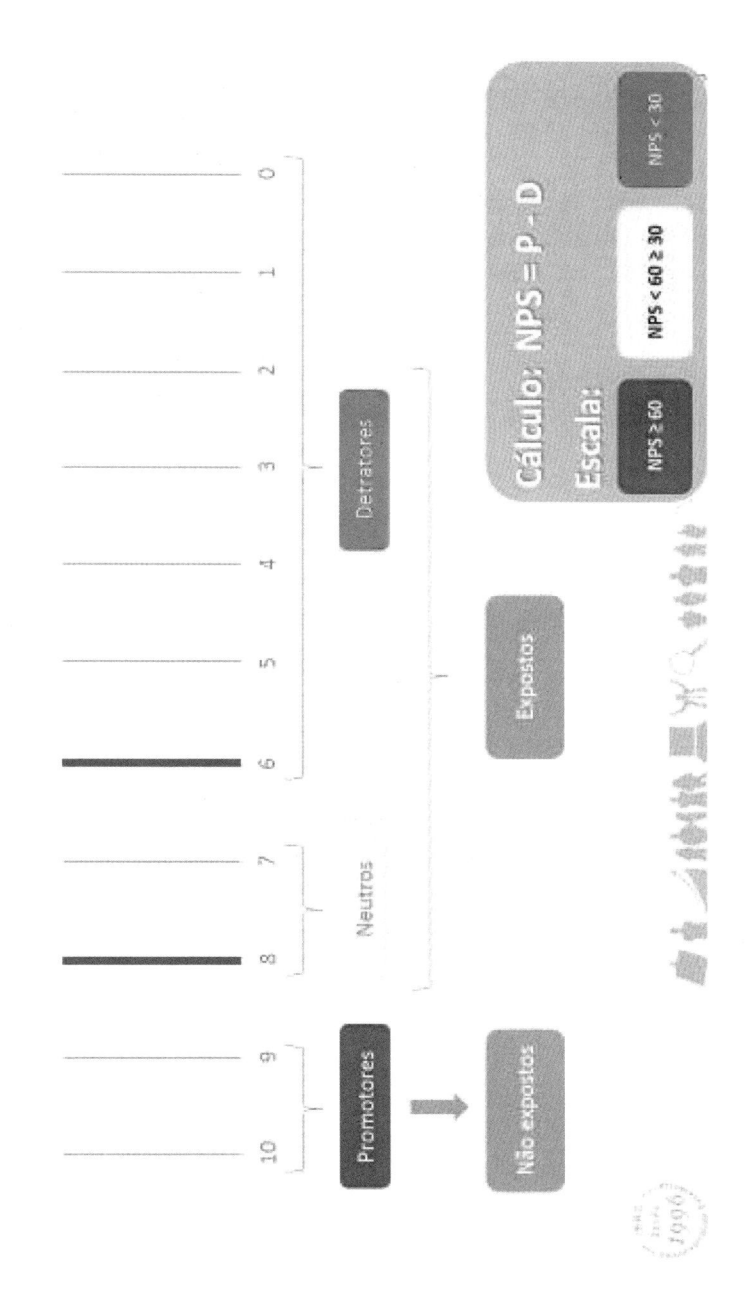

Escala:
- NPS ≥ 60
- NPS < 60 ≥ 30
- NPS < 30

17

TIMES DE SUCESSO

Times de sucesso

Conhecer e entender para atender melhor é um exercício constante na busca de estratégias, que colaborem para uma melhor percepção de diferenciais pelo outro lado, o que é atendido, o nosso cliente.

Não se trata de uma questão simples. De um lado estaremos com a nossa equipe, ciente de que a sua função principal é prestar o melhor atendimento, devidamente treinada, conhecendo no detalhe o nosso produto ou serviço, entendendo nossos diferenciais, preparados para todo e qualquer questionamento técnico ou comercial, também cientes e engajados em nosso propósito como empresa, frente à sociedade e ao meio ambiente e do outro estará o nosso cliente e o ambiente de mercado.

Fazendo uma analogia com o futebol, uma das minhas paixões, um dos esportes mais assistidos do mundo, observem todo o entorno que envolve a preparação de um time de sucesso. Devemos eleger o melhor, o especialista para cada posição, treiná-los para que, além da questão física, tenham também entendimento sobre a estratégia para cada momento do jogo, abastecê-los de informações sobre o campo e, finalmente, pensar no adversário. Somente depois disso podemos considerar o time preparado.

Para escolher os melhores para cada posição, partimos dos fundamentos básicos, a intimidade com a bola, potência de chute, habilidade de passe. Na sequência, avaliamos a questão do posicionamento em campo, movimentação, especialidade, e fechamos com a busca do equilíbrio e a liderança. E, é claro, para todos, sem exceção, é necessário muito treino.

Ao montar o nosso time de sucesso em vendas, as considerações são as mesmas. Devemos ter pessoas que, de alguma forma, demonstrem intimidade com o fundamento principal, que é a habilidade em atender o outro lado. Isso é mandatório. Na sequência, avaliamos questões que nos levam a definir a especialidade de cada um, pois alguns profissionais serão ótimos para fazer o atendimento interno, gestão de processos, sistema, planejamento e outros serão melhores para fazer o externo, o contato com o cliente, a prospecção, a busca por novos mercados e oportunidades. E, para todos, sem exceção, será necessário muito treino, para aproveitar melhor todas as habilidades individuais, pondo foco, determinação e persistência no objetivo.

No futebol, temos que conhecer o nosso adversário, a sua escalação, elenco, avaliar histórico, dados estatísticos, fragilidades, potencialidades. É com base nesses dados que definimos a nossa estratégia de jogo. Em nosso negócio, também precisamos saber quem são nossos concorrentes, sua especialidade, suas instalações, equipamentos, portfólio de produtos, política de preços. Com base nesses dados, também definimos nossa estratégia de concorrência.

No futebol, a nossa estratégia se fecha com a escalação em que, após analisar tudo o que falamos anteriormente e treinar exaustivamente, colocamos em campo o nosso melhor time. Mais alguma semelhança com o nosso time de sucesso em nossa empresa? Sem dúvida que sim. Analisando os dois ambientes, o corporativo e o do futebol, podemos compará-los evidenciando, de forma metafórica, o melhor para cada posição:

DEFENDENDO O GOL, A QUALIDADE

Esse é, sem dúvida, o maior fator de risco de toda corporação. Pensando em qualidade de uma forma ampla, produto, serviço, atendimento, relacionamento, contemplando desde o primeiro contato, a condução do processo e, finalmente, a entrega, pós-venda, cuidando de tudo isso, estaremos defendendo a nossa área. Porque tomar gol no futebol e ter problemas de qualidade em nossos negócios decretam a perda do jogo.

A MELHOR DEFESA

Uma estrutura com base em um ótimo serviço, atendimento personalizado, agilidade e muita cortesia é a nossa melhor defesa. Não existe nada mais importante para quem é atendido do que um cordial sorriso, um posicionamento de quem está de braços abertos para fazer o melhor atendimento. De um pequeno negócio às grandes corporações, essa é a primeira impressão, que é decisiva.

O meio de campo no futebol é responsável pela elaboração, planejamento e distribuição das jogadas. Dali se observam os posicionamentos, marcação, movimentação e se abrem as oportunidades de lançamentos e também se neutraliza a pressão adversária, colocando a bola no chão, acalmando o jogo.

O domínio do meio de campo do time de sucesso nas empresas não é diferente. Tecnologia, inovação e informação são três pontos fundamentais para fazer a ligação com o ataque. A exploração inteligente desses recursos faz toda a diferença, internamente e aos olhos do cliente.

Um ataque eficiente no futebol está atento à movimentação do meio de campo e em ação conjunta para achar os melhores caminhos para chegar ao gol. A palavra-chave aqui é "ação". Cabe aqui registrar uma frase histórica de Gentil de Moura, técnico dos anos 60: "Quem pede recebe, quem se desloca tem a preferência!".

No ataque corporativo, um produto com qualidade incomparável, uma logística personalizada (o melhor caminho e o mais rápido) e, claro, pontualidade, que é simplesmente fazer o cliente receber o que é pedido no momento exato da necessidade, fecham um ataque avassalador.

Hoje os grandes técnicos defendem que não existe um time titular com 11 jogadores mas, sim, com a inclusão dos reservas, um grupo que pode, a qualquer momento, ser modificado, se adequando às novas necessidades do jogo. Em outras palavras, todos são titulares, aguardando apenas o momento exato de entrar em campo.

Em nosso time de sucesso, o pensamento é o mesmo: a qualquer momento os suplentes pré e pós-venda, como ferramentas preventivas ou corretivas, a proatividade, antecipando as necessidades, a pesquisa como fonte de levantamento de dados para medir a satisfação do cliente e, finalmente, o fator custo-benefício, e ainda a área de projeto e desenvolvimento podem e devem entrar em campo, substituindo um ou outro requisito, sempre contribuindo para fortalecer o time. Com um time desses alguém duvida que seremos campeões, que ganharemos muitos títulos e clientes?

Palavra do especialista:

Fazer parte de um time de $ucesso é o sonho de todos, mas, como montar, manter um time desses? Precisamos ganhar na loteria? Eu consegui, e foi graças à criação de confiança deles. Primeiro passo: procurar por profissionais melhor preparados do que você. Sempre ter no radar de sua procura profissionais que somarão, incrementarão novas ideias e atitudes. Segundo passo: como atrair e reter talentos na entrevista? Sendo sincero e criando confiança, demonstrando as nossas fortalezas e fraquezas, mas gerando, juntos, um objetivo em comum: o nosso sonho que, organizado, se torna a nossa meta. Para manter o time é preciso participar, sofrer e vibrar juntos, escutar e saber criticar (criticar sem perder a ternura), pois, se perder a ternura, a crítica, mesmo correta, se torna desmotivadora. Creio que poder participar desse time da Box Print é uma dádiva.

Marco Antonio Schmitt [1]

(Diretor de Negócios do Grupo Box Print)

E QUANTO AO ADVERSÁRIO? COMO SUPERÁ-LO?

Temos dos dois lados 11 atletas em campo, mais cinco suplentes, cada um com a sua especialidade e competência. E o que se vê no futebol é o que também se vê no mundo corporativo. Observe que muitas equipes se destacam pelo valor individual de seus atletas, pode ser um excelente goleiro, um lateral diferenciado, um meio-campista genial ou um atacante matador. Nos times empresariais de sucesso, acontece o mesmo, ou será que não? Nas empresas, o que conta mais é o jogo em equipe. Pense bem: será que se você tiver um padrão de qualidade incomparável, um serviço diferenciado, um setor de inovação e informação excelentes e um produto e logística acima da média, isso garante que o seu time será vitorioso? Sem dúvida!

E QUAL É O PAPEL DO TÉCNICO NESSE PROCESSO?

No futebol, ele é a cabeça pensante. Com base em sua experiência e formação, o seu trabalho é observar o entorno, medir desempenho,

---

1 Mas@boxprint.ind.br / LinkedIn: Marco Schmitt.

fazer ajustes individuais e coletivos nos treinos. Trabalhar estrategicamente cada setor do campo nos momentos de defesa, ataque, com placar a favor ou contra, controlando a pontuação, com uma meta sempre em vista: ganhar o campeonato.

No mundo corporativo, a necessidade do técnico/líder é a mesma, e podemos assumir esse papel, ao observar o mercado, a concorrência, tendências, trabalhando cada atributo que forma o nosso time de sucesso. Só que o nosso objetivo de liderança é maior, mais do que ganhar o campeonato, é conquistar e fidelizar os nossos clientes e, acima de tudo, ser um grande exemplo para o time, que bom quando esses atuam de forma que seu comportamento inspire os demais membros, que ele seja um meio de ligação entre todos em campo, interlocutor entre o time e a diretoria e mais do que isso, que desperte em cada membro a sua própria liderança, que deverá ser exercida em diversos momentos do processo, voltando ao futebol, o líder está no banco, em campo cada jogador se torna líder quando coordena uma nova jogada, usando suas habilidades e criatividade.

Palavra do especialista:

O comportamento em liderança determina de 50 a 70% da cultura de uma organização. Por sua vez, a cultura organizacional impacta, aproximadamente, 35% do desempenho organizacional. Os 65% restantes desse desempenho são determinados por cinco outros fatores (não relacionados aos comportamentos das pessoas). No seu livro, Global *leardership*, Marshall Goldsmith articula as competências mais importantes de líderes que trabalham em um ambiente de negócios internacionais, com base em pesquisas feitas com 100 organizações multinacionais, de 120 países, em seis continentes. Aqui estão as competências mais importantes:
Comunicação: é a necessidade do líder demonstrar integridade ou congruência. Um dos grandes inimigos é a pressão por resultados. A ânsia de bater metas

e gerar frutos, muitas vezes, coloca o líder em situações em que a sua integridade é colocada à prova. Nesse momento, saber dizer não é fundamental, esclarecendo com clareza os motivos da negativa, o que gerará a admiração em todos os envolvidos.
Engajar pessoas: um dos pontos do engajamento é justamente treinar pessoas. Esse é um grande desafio e o líder precisa estar atento. O desejo de treinar pessoas tem muito mais a ver com a intenção de colaborar com o outro. Treinar pessoas cria uma cultura de acolhimento e, além disso, desenvolve uma parceria entre o líder e os liderados.
Inclusão sem fronteiras: a globalização exigiu dos líderes o desafio de agregar diferentes culturas e também entendê-las. Se posicionar como "minha cultura é a superior" tem feito que líderes deixem de colaborar com a cultura de empresas que se tornam perenes. Os líderes de sucesso têm visto como um potencial de uma situação incluir pessoas de diferentes culturas em diferentes partes do mundo nos seus negócios.
Garantir o sucesso: um líder busca formas de garantir resultados para seus clientes, empresa e liderados. Para isso, ele sabe envolver todos no processo, sabe medir os avanços em cada estágio do desenvolvimento, desafios ou objetivos dos seus liderados. Hoje, a tecnologia é uma aliada para garantir esses resultados e medir o avanço, por isso a capacidade de garantir resultados está atrelada ao interesse e capacidade do líder em descobrir e explorar a tecnologia e inovação.
Melhoria contínua: liderar processos de mudança é um dos pontos que diferenciam os grandes líderes. Quando mudar? Como mudar? Por que mudar? O que mudar? São perguntas que todo líder que busca o desenvolvimento constante precisa colocar no seu DNA. As respostas são dadas não pelo líder, mas pe-

las pessoas que o líder lidera. E a mudança principal não está nos outros mas, sim, no próprio líder. Ele deve ser o primeiro e o principal motivador, idealizador, patrocinador e praticante da melhoria contínua.

Márcio Silva[2]
(palestrante, *master coach* internacional)

FINALMENTE A TORCIDA?

Essa tem um papel fundamental: grita, canta, incentiva, está ao lado do time em todos os momentos. Nas empresas não é diferente, quando a filosofia de time se incorpora ao grupo. Não tenha dúvida de que os vários setores passam a torcer entre si para o sucesso um do outro, o que, no final, representará a vitória de todos.

Quando a produção sabe que o comercial tem uma reunião em um importante cliente, está torcendo pelo sucesso da negociação, pois isso representará novos pedidos. Quando um departamento está recebendo uma auditoria, seja de cliente ou de algum órgão certificador, o comercial está na torcida, pois isso, de alguma maneira, trará benefícios aos negócios, será mais um diferencial frente ao mercado. No ambiente de varejo, quando um membro da equipe fecha uma boa venda, está contribuindo para uma meta total do grupo, e essa energia positiva, com certeza, fará diferença em toda a empresa.

E mais ainda: cada um de nós tem em sua casa um pai, uma mãe, filhos, esposa, marido, e tem em seu dia a dia amigos que, além de sua torcida, nos fazem lembrar todo dia por que e para quem dedicamos o nosso trabalho. Essa é, na verdade, a nossa principal torcida, é por quem nos viramos todos os dias!

---

2 marshallgoldsmith.com.br

Os Organizados Vencem

Os organizados é que vencem. Organização como ferramenta é imprescindível.

> **SÓ OS ORGANIZADOS VENCERAM, VENCEM E VENCERÃO!**
>
> 1- Organização é a forma como se dispõe um sistema para atingir os resultados pretendidos.
>
> 2- Organização e controle são ferramentas imprescindíveis, pois só através delas podemos medir, controlar, sistematizar.
>
> 3- Organização é um grande exercício de persistência, disciplina e foco.

O termo organização apresenta duas referências básicas[1]. Por um lado, a palavra organização é utilizada para se referir à ação

---
[1] http://queconceito.com.br/organizacao

ou resultado de organizar ou organizar-se. Por outro lado, designa-se o termo de organização àquele sistema desenhado para atingir satisfatoriamente determinados objetivos ou metas. No entanto, esses sistemas podem, por sua vez, serem formados por outros subsistemas relacionados que cumprem funções específicas.

Em outras palavras, uma organização será qualquer grupo social formado por pessoas com uma série de tarefas e uma administração que interage no entorno de uma estrutura sistêmica, com a meta de cumprir certos objetivos propostos. O traço essencial de qualquer tipo de organização, que se deve observar para que exista e depois subsista, é de que as pessoas que a integram se comuniquem e estejam de acordo para atuar de forma coordenada no lucro dos objetivos propostos que as levem a cumprir efetiva e satisfatoriamente com a sua missão.

No entanto, para ajudar essa coordenação e comunicação, as organizações quase sempre funcionam por meio de normas que servirão na concretização dos seus propósitos.

Hoje, a necessidade de organização está nos pequenos detalhes do nosso dia a dia, em especial dentro das empresas, como forma única de medição, controle e desenvolvimento. A frase a seguir é fundamental e merece ser entendida e compartilhada:

> O que não é medido não pode ser controlado, o que não é controlado não pode ser organizado e o que não é organizado não pode ser sistematizado.
> Willian Edward Deming

Organização é uma questão de hábito. Porém, ao mesmo tempo em que somos autômatos regulares em determinadas ações, principalmente as que, repetidas vezes, fazemos e ficam gravadas como nossa rotina, com começo, meio e fim, por outro lado, não conseguimos transportar esse mesmo comportamento para determinadas atividades que nos interessam organizar — temos dificuldades em definir uma nova rotina, depois a dificuldade de cumpri-la.

Vamos ver um exemplo de rotina organizada que já se transformou em hábito da maioria das pessoas:

O homem – antes de dormir:

1) Toma banho com sabonete e shampoo (dez minutos, ou cada vez mais rápido em função do racionamento);
2) Passa o fio dental;
3) Escova o dente (troca o tubo que o filho finalizou);
4) Vai ao banheiro (troca o papel higiênico que estava no fim);
5) Beija o(s) filho(s);
6) Beija a mulher;
7) Liga a TV;
8) Ou acende o abajur e pega um livro ou revista;
9) Inicia a leitura;
10) Cerca de 30 segundos depois está roncando com toda força.

Você já imaginou o que seria se essa rotina fosse alterada?

1) Beija a mulher (sem escovar os dentes?);
2) Escova os dentes;
3) Vai ao banheiro;
4) Passa o fio dental (lavou a mão?);
5) Acende o abajur;
6) Beija os filhos;
7) Pega o livro ou revista;
8) Toma banho (com a revista embaixo do braço);
9) Inicia a leitura;
10) Cerca de 30 segundos roncando sei lá onde.

E a mulher, como faz?

1) Liga para a irmã, vizinha ou melhor amiga (30 minutos de conversa);
2) Vai para o banheiro reclamar da "molhadeira" que o marido fez;
3) Toma banho [sabonete esfoliante, shampoo para tintura, mousse, condicionador de jaborandi, para seja lá o quer for (40 minutos)];

SE VIRA! VOCÊ NÃO É QUADRADO!

4) Passa o fio dental e escova os dentes;
5) Passa cremes, hidratante, trifásico, antirrugas, antimarido, antissogra, antitudo;
6) Bocas e caras em frente ao espelho;
7) Põe o roupão (enquanto os cremes secam);
8) Vai ao banheiro;
9) Põe a camisola (pensa consigo: é hoje!)
10) Beija os filhos;
11) Apaga o abajur ou desliga a TV que o marido assistia;
12) Tira o livro do colo do roncador (pelo visto, não será hoje!);
13) Ia esquecendo: antes de dormir, dá uma cotovelada carinhosa para ver se ele para de roncar, ou quem sabe acorda.

E se alterássemos para a sequência a seguir?

1) Passa os cremes todos!
2) Beija os filhos;
3) Põe a camisola;
4) Toma banho com todos os shampoos;
5) Tira o livro ou revista do colo do roncador, sem se enxugar;
6) Cotovelada carinhosa no maridão;
6) Liga para a irmã, amiga ou vizinha (1 hora de papo);
7) Vai ao banheiro;
9) Apaga a luz do abajur ou desliga a TV;
10) Caras e bocas (no escuro);
10) Aproveita, passa o fio dental e escova os dentes;
11) Põe o roupão (não é hoje mesmo!).

Claro que isso é uma brincadeira! Mas, se analisarmos com cuidado, muitas vezes, em nossa rotina de trabalho, acabamos alterando as sequências de nossas ações. E os resultados podem ser realmente catastróficos.

A falta do hábito de organização é um fenômeno que resiste ao tempo, mas que tem origem toda vez que uma estrutura de atendimento é posta à prova.

A pergunta chave é: se sabemos nos organizar para as tarefas básicas que fazemos repetidamente, automaticamente, no nosso dia a dia, por que não tornar isso um hábito nos outros campos de nossa vida? Por que não ter sempre em mãos uma lista de pendências e prioridades? Por que não ter o hábito de, diariamente, abrir uma simples planilha de planejamento e acompanhamento de nossas atividades, em especial aquelas que têm a ver com a qualidade do atendimento ao nosso cliente? Tudo não passa de um grande exercício de persistência disciplinar, de método e foco!

Utilize o poder de organização para fazer uma gestão diária de suas prioridades, pendências e processos, de maneira que, a qualquer momento, você tenha, de forma clara e visível, tudo o que precisa gerenciar em termos de processos.

Vamos abrir um pouco mais essa ideia, como proposta para você pensar melhor a respeito de começar a organizar, ou aprimorar a sua rotina no que diz respeito às suas atividades de atendimento ao cliente. Experimente usar a Planilha dos 4 P's — do "Se vira".

PRIORIDADES	OBS.	PRAZO	CONCLUSÃO
Assuntos que podem causar transtornos se não resolvidos rapidamente.			

PENDÊNCIAS	OBS.	PRAZO	CONCLUSÃO
Assuntos que podem se tornar urgentes, com resolução que possui tempo determinado.			

PROCESSOS	OBS.	PRAZO	CONCLUSÃO
Assuntos de resolução a médio e longo prazo, mas que não podem ser esquecidos.			

PESSOAL	OBS.	PRAZO	CONCLUSÃO
Você, você, você, você, você!			

É importante entender as características de cada um desses "P's":

- **Prioridades:** tarefas que temos que resolver de imediato e que, se não forem resolvidas, podem trazer prejuízos de valor ou operacional ao nosso negócio;
- **Pendências:** tarefas que temos um tempo determinado para a resolução, antes que se tornem prioritárias;
- **Processos:** ações que temos um tempo de resolução médio e que podemos administrar, antes que se tornem pendência ou prioridades;
- **Pessoal:** ações particulares, pessoais — que sugiro serem controladas à parte de nossas tarefas profissionais — às quais devemos dar importância total, como, por exemplo, *check-ups*, aniversários e eventos familiares, projetos particulares etc.

Para ilustrar e deixar claro o grau de urgência de cada um desses casos, pense numa rotina diária, como acordar de manhã:

- **Prioridade:** fazer as necessidades fisiológicas;
- **Pendência:** seria escovar os dentes – você pode adiar, mas não pode sair de casa sem fazê-lo;
- **Processo:** tomar banho – você pode até sair de casa sem fazê-lo, mas se incomodará a certa altura do dia.

Bem, voltando as nossas atividades programáveis à nossa Planilha dos 4 P's, segue um pequeno exemplo para tornar a ideia ainda mais clara. Sugiro registrar data e horário na planilha, toda vez que alterar ou rever uma determinada pendência.

PRIORIDADES	OBS.	PRAZO	CONCLUSÃO
Proposta cliente A	Detalhar preço/ condições em dólares	30 de maio	
Reunião cliente B	Preparar apresentação/ *folders*/amostras	31 de maio	
Retorno cliente C	Confirmar prazo de entrega	31 de maio - 14h	
Porta 1 de compras - cliente D	Inserir informações cadastrais + documentos comprovatórios	31 de maio - 18h	

PENDÊNCIAS	OBS.	PRAZO	CONCLUSÃO
Orçamento cliente E	Fazer descritivo com especificações técnicas	2 de junho	
Confirmar reunião com o cliente F	Reservar sala/ recursos para videoconferências	3 de junho	
Enviar convite da reunião para o cliente G	Incluir o departamento de marketing e P&D	4 de junho	

SE VIRA! VOCÊ NÃO É QUADRADO!

PROCESSO	OBS.	PRAZO	CONCLUSÃO
Contatar cliente H	Solicitou retorno após o mês de julho	1 de agosto	
Cotação anual cliente I	Monitorar a partir do mês de setembro	5 de setembro	
Visitar a Feira de Negócios Brasil	De 15 a 20 de agosto	15 de agosto	
Reunião com o comitê de negócios SP	Confirmar presença em 20 de julho	15 de julho	

PESSOAL	OBS.	PRAZO	CONCLUSÃO
Dra. Carmen/Dr. Miguel/Dr. Márcio	Agendar exames de *check-up*	10 de junho	
Processo garagem Cyprus	Resposta da perícia	3 de junho	
Processo Casa Teca	Dra. Perla	3 de junho	
Se vira! Projeto 2014	Resposta Gil Cabeggi	30 de julho	
Palestras Piloto	Agendar reunião com os patrocinadores	1 de agosto	

Ao adotar esse simples, mas efetivo, mecanismo de controle, você pode acompanhar diariamente um certo número de pendências, classificando-as por grau de importância, medindo sua evolução, resolução e conclusão.

SÉRGIO DAMIÃO

Taxa de conversão: uma ferramenta de uso diário

19

Vamos avaliar essa variação da frase anteriormente citada: "O que não é medido não pode ser controlado, o que não é controlado não permite ações de melhoria."

Essa ideia não vale apenas para processos industriais, em que os sistemas de gestão terão sempre como meta a redução de tempos de produção, *setups* (tempo de acerto ou troca de produtos em processo), ou ainda o aumento de produtividade com redução de custo. Vale também para programas de gestão comercial, onde cada etapa – num cronograma que parte do primeiro contato com o cliente e segue até a efetivação da venda – deve também ter mecanismos de controle, apontando cada fase para as oportunidades de melhoria e para as necessárias correções de rumos.

Dentro desse contexto, o parâmetro conhecido como "taxa de conversão" nos permite estabelecer comparativos entre equipes, mercados, produtos e, é claro, definir metas por período. Mais ainda do que isso, a taxa de conversão é um mecanismo que nos permite monitorar a nossa rotina.

Podemos implantar um controle simples em nossa rotina diária, visando apurar o grau de conversão e de efetividade de nossas ações. Veja quais podem ser os focos desse monitoramento, no diagrama a seguir:

TAXA DE CONVERSÃO

CLIENTES CONTATADOS	X CLIENTES VISITADOS
CLIENTES VISITADOS	X CLIENTES ORÇADOS
CLIENTES ORÇADOS	X PEDIDOS FECHADOS
PEDIDOS FECHADOS	X PEDIDOS PERDIDOS
PEDIDOS ENTREGUES	X PEDIDOS RENOVADOS
PEDIDOS ENTREGUES	X PEDIDOS NÃO RENOVADOS

    Procure implantar um controle desse tipo em suas atividades diárias e usufrua dos benefícios de saber, de modo sempre atualizado, qual é o seu grau de efetividade, as suas possibilidades de crescimento, as oportunidades de melhoria. Mais do que isso, o fato de ter esses dados em mãos lhe dá uma visão mais ampla do seu negócio, permitindo checar também a sua estratégia em médio e longo prazos.

SÉRGIO DAMIÃO

O CRM COMO FERRAMENTA DE ORGANIZAÇÃO

C RM (*Customer Relationship Management*) é um termo que define o gerenciamento do relacionamento com o cliente, ou ainda um sistema integrado de gestão com foco no cliente, que reúne vários processos e tarefas de uma forma organizada e integrada.

Como conceito, CRM é uma estratégia de negócio voltada ao entendimento e antecipação das necessidades de potenciais clientes, via inserção de informações personalizadas sobre cada cliente, hábitos, perfil, preferências, de forma que tenhamos sempre em mãos um retrato do mesmo, que possa ser acessado, rapidamente, para consulta e definição de estratégias de abordagem (Gartner Group).

Segundo Philip Kotler, um dos gurus da administração e *marketing*, no livro Marketing Estratégico, conquistar clientes novos custa entre cinco a sete vezes mais caro do que manter os mesmos clientes que já possui. Por isso, utilizar ferramentas como o CRM, que permitem a fidelização de um cliente, são estratégias corporativas que, com certeza, colaboram para manter e ampliar uma carteira de clientes.

Simplificando, hoje cada um de nós, como consumidores, de alguma forma, já temos os nossos dados espalhados entre empresas com as quais mantivemos relações comerciais, o que permite aos nossos fornecedores saber quando e como fizemos uma determinada compra. E essa compra, somada a outras, define o nosso perfil, mostra as nossas preferências. E, claro, essas informações serão usadas como fontes de pesquisas para futuras abordagens dessas mesmas empresas sobre nós.

Para quem utiliza o aplicativo Waze para traçar rotas e encontrar locais, é bem simples observar que, ao iniciar a navegação, o sistema já sugere quanto tempo você levará em determinado trajeto, pois ele já registrou quantas vezes você fez essa mesma viagem, e isso o faz supor que toda vez que você a repetir sairá de um mesmo local e se dirigirá para um segundo ponto habitual.

Hoje, o Facebook indica nas laterais da página sugestões de ofertas de sites, com base em pesquisas que você fez recentemente – por meio da sua localização em viagens, fotos, eventos, suas preferências de temas, tendências de consumo. E, é claro, dividem essas informações com quem tenha interesse em conhecer melhor o seu perfil e criar alguma ação de marketing.

O LinkedIn monitora o seu tempo de trabalho em determinada empresa, cursos de aperfeiçoamento, participação em eventos, trabalhos sociais e, da mesma forma, tem um perfil que pode ser dividido, negociado com consultorias de RH, de recolocação de profissionais ou de busca de talentos.

Não tenha dúvida de que, hoje, a Ambev, Coca-Cola, Pepsico, entre outras grandes empresas, têm monitoramento de consumo de seus produtos por região, conseguem prever, inclusive, quando a temperatura ambiente sobe, quais bares, padarias e outros pontos de revenda terão que receber recargas de determinados produtos e em que quantidade. Eles conhecem o consumo de seus produtos per capita a cada hora, dia e mês em cada região, o que permite que definam os perfis de consumo e definam suas estratégias.

Empresas de cartão de crédito têm controle sobre as despesas de seus clientes, assim como a forma de pagamento que mais usam, a frequência em que visitam determinados estabelecimentos, o que consomem, os valores gastos, e usam tudo isso para traçar o seu perfil de consumo.

Lojas de departamentos e empresas de *e-commerce* têm também um retrato detalhado dos hábitos de seus clientes e, da mesma forma, utilizam o seu perfil para definir estratégias para grupos de consumidores.

Tudo isso é CRM.

Qualquer empresa pode e deve estabelecer o seu CRM, partindo de uma data de aniversário, de informações pessoais como estado civil, número de filhos, hobbies, time de preferência e muito mais. E pode utilizar essas informações para criar, desenvolver e treinar melhor a sua abordagem comercial.

Você pode também, de uma forma simplificada, criar um modelo de CRM no seu dia a dia, para acompanhar os seus clientes. Marco Schmitt, diretor de negócios do Grupo Box Print, nos deixa um exemplo bem interessante e prático: ao cadastrar os cartões de visita que recebe, insere também algumas informações pessoais sobre a pessoa dona do cartão, que ele captou durante as reuniões que teve com aquela pessoa. Coisas como data de aniversário, estado civil, filhos, animais de estimação, hábitos, hobbies etc. E toda vez que tem uma nova reunião com a pessoa, antes ele consulta essa página de cadastro e já tem de imediato muito assunto para iniciar a conversa.

E ainda demonstra pelo seu interlocutor muita atenção e carinho, o que, sem dúvida, gera um grande diferencial em seu atendimento.

Você pode também passar a registrar, de maneira ativa, a cada reunião com seu cliente, informações que você julga importantes, interessantes, mudanças internas, aquisições do cliente, perspectivas, problemas, e tudo mais que possa ser lido e relembrado antes de qualquer ação que você venha a desempenhar para seu cliente ou junto a ele. Esse material lhe servirá de suporte preliminar. Isso eu chamo de agenda ativa. Veja um pequeno exemplo:

Cliente	Contato(s)	Pauta da reunião	Próximos passos	Conclusão

SE VIRA! VOCÊ NÃO É QUADRADO!

É claro que para manter um banco de dados como esse é preciso, antes de tudo, ter muita disciplina. Esse, aliás, é o grande segredo do CRM. Isso foi dito por um dos grandes mestres do *marketing* de relacionamento, Marcelo Myashita[1], de quem fui aluno em vários módulos, com quem compartilhei impressões e experiências neste projeto.

Resumidamente, a cada visita que você fizer, abra o seu banco de dados e tenha uma visão panorâmica da pessoa, das últimas conversas, pendências, resoluções, negociações e, claro, a sua impressão pessoal.

---

1 http://www.miyashita.com.br/miyashita-consulting/

ALGUNS OUTROS PONTOS A CONSIDERAR NO ATENDIMENTO AO CLIENTE

Marco Schmitt também contribuiu com uma frase que, na sua visão, define o perfil de quem atende bem comercialmente: "O negociador (vendedor) é um solucionador, tradutor das nossas vantagens para o cliente. Ele cria, informa, analisa em conjunto com o cliente, buscando a decisão favorável de compra."

Essa frase tem tudo a ver com a busca de soluções nos negócios. O profissional comercial desempenha esse papel em seu dia a dia.

Para que isso ocorra, cabe à empresa uma boa dose de responsabilidade em treinar a sua equipe, desde uma simples saudação de bom dia, a abordagem em uma tentativa de agendamento de visita, passando por aspectos como vestimenta, materiais de apresentação físicos (catálogos, amostras, *folders*) e também virtuais (PP em Note ou IPAD), domínio da apresentação da empresa, conhecimento sobre produtos, logística, custos, propostas, negociação, e até mesmo como contornar eventuais objeções do cliente. Tudo soma ponto para fechar negócios.

É importante também que isso faça parte de um procedimento interno na empresa. Temos uma série de normas internas, regras, procedimentos formais de processos, controles e garantia de qualidade, em vários setores da empresa. É importante que a área comercial tenha também formalizada a sua forma de atuar, que esses procedimentos tenham, assim como os outros, validação e sempre abertura para novas inclusões, dentro do dinamismo que é o mercado.

Exemplo de planejamento pessoal

PREPARAÇÃO			
APRESENTAÇÃO PESSOAL	**INFORMAÇÕES**	**OBJETIVOS DA VISITA**	**AÇÕES PÓS-VISITA**
APARÊNCIA: uniforme, *pin*, bolsa.	DO CLIENTE: histórico, origem, fundação, especialidade, diferenciais, prêmios, notícias recentes.	Apresentação, prospecção, entrega de proposta, retorno de proposta.	Atribuir nota, medir efetividade, proposta inicial x proposta fechada, preencher agenda ativa com observações, definir próximas etapas.
MATERIAIS DE APOIO: *folder*, apresentações virtuais, amostras, catálogos especiais, brindes.	DO MERCADO: concorrentes, tendências, notícias recentes, etc...	ESTRATÉGIA PLANEJADA: abordagem, falas, informações relevantes da empresa, contato, (CRM) e outros presentes.	

TÁTICA COM TÉCNICA

Use regularmente a pesquisa de mercado para coletar a opinião do cliente

Pesquisa de Mercado é um esforço organizado destinado a juntar informações sobre mercados e consumidores específicos. Ela é um componente muito importante da estratégia de negócios.

Todas as decisões relacionadas a novos empreendimentos contêm certo grau de incerteza, tanto no que diz respeito à informação na qual as decisões estão baseadas como no que diz respeito às suas consequências.

Assim, o sucesso de uma pesquisa mercadológica é uma ferramenta de orientação para as decisões. Isso significa que a pesquisa deve ser aplicada somente quando os seus resultados contribuírem para diminuir a incerteza ou influenciar decisões[1].

Porém, é preciso levar em conta que a informação, por si só, não leva à decisão nem ao sucesso: é preciso escolher um curso de ação que ajude a identificar problemas e oportunidades e que indique caminhos que reduzam as incertezas. Não há qualquer razão para se fazer uma pesquisa mercadológica se o tomador de decisão (o empreendedor) não pretende alterar a sua posição inicial, não acredita ou não compreende os seus verdadeiros resultados.

Quer seja uma das empresas listadas no Fortune 500 ou um pequeno negócio em fase inicial, os questionários de pesquisa de mercado oferecem uma maneira rápida e acessível de realizar análises de segmentação de mercado. Identifique as principais características demográficas dos consumidores que compõem o seu mercado. Em seguida, utilize questionários para fazer praticamente qualquer coisa, desde medir a satisfação dos clientes até desenvolver novos produtos.

A única maneira de manter os seus clientes, ou conquistar novos negócios, é saber exatamente o que seus consumidores desejam. Conjecturas e instinto não podem ajudá-lo quando se trata de lançar novos produtos de sucesso ou elaborar mensagens de *marketing* impactantes[2].

Reforço aqui, pela importância deste conceito: quando se fala em pesquisa, é importante a determinação de utilizar os dados recebidos, como fontes de melhoria, de evolução e de entendimento do seu cliente. Sem essa ação, qualquer pesquisa deixa de ter sentido.

Falando especificamente em atendimento ao cliente, quero alertar que não precisamos pensar inicialmente em nenhum tipo de pesquisa de proporções grandiosas. Usando estratégias muito simples defendidas por especialistas em negociação, devemos adotar o hábito de perguntar em nossas conversas, sobre determinadas coisas que precisamos saber a seu respeito, para atendê-los melhor.

Essa é uma das formas mais ricas de pesquisa, podemos perguntar ao nosso cliente coisas simples, como a frequência e regularidade dos horários de entregas, passando por exemplo pelo comportamento da

---

1 Fonte: Sebrae
2 Fonte:Survey monkey

equipe de entregas, o atendimento que ele tem recebido, as normas internas de nossos clientes, etc. Podemos evoluir para perguntar sobre o desempenho do nosso produto em linha, seu nível de produtividade, as perdas e assim vai.

Pesquisas que podem ser conduzidas por nossa própria equipe interna, nossos representantes e atendentes, desde que bem treinados sobre a forma correta de abordagem, podem trazer informações preciosas. É claro que para questões internas ou externas mais complexas e detalhadas nos convém contratar especialista em pesquisa de mercado, como por exemplo o IBRC, Instituto Ibero Brasileiro de Relacionamento com o Cliente, não deixe de visitar este site: www.ibrc.com.br.

Volto aqui a lembrar daquela ferramenta de que já falamos, pela importância que ela tem nesse processo: o SWOT. É importante nunca deixar de utilizar em nosso dia a dia aquelas quatro perguntas básicas:

- Quais os meus pontos positivos?
- Quais meus pontos negativos?
- O que pode ameaçar nossa relação?
- O que pode melhorar nossa negociação?

Experimente fazer essas perguntas não só para seus clientes, mas também para seus filhos, esposa (marido), parentes e amigos. Você vai se impressionar como essas respostas serão um grande passo na direção de conhecer, entender e atender melhor o outro lado.

Vamos lá! Para evoluir é necessário pesquisar.

Então, "se vira. Você não é quadrado!". Vamos pesquisar para entender melhor.

NAMORO, DESENVOLVIMENTO, CASAMENTO E CONTRATO

Costumo dizer que as relações nas empresas têm muito em comum com as relações entre casais que se apaixonam, se pensarmos que, após o primeiro olhar, que desperta um primeiro desejo de evoluir a relação, as etapas seguintes são de aproximação, busca, troca de informações, evolução da confiança, do amor, até chegarmos a uma etapa mais séria, rumo a um compromisso por um tempo maior, uma relação de longo prazo, que seria o casamento.

No universo corporativo, de um primeiro contato, partindo das mais variadas formas de abordagem comercial, podemos entender que a relação também passa por um processo de aproximação, troca de informações, evolução, rumo à confiança. As partes, os lados envolvidos e seus diversos setores passam a interagir e, de fato, surge uma relação de reciprocidade, respeito, admiração, qualidades fundamentais nas grandes parcerias.

No universo dos negócios, do início de fornecimento, passando pela efetivação da relação, sua revalidação após um período requer um processo de cotação para revalidar a qualidade da relação, medir preços, aferir mercado. Esse processo parte de um comunicado formal aos propensos participantes, detalhando pré-requisitos, especificações, condições técnicas, comerciais, que após o envio serão avaliadas pelo cliente, decretando a continuidade ou a mudança do fornecedor.

Já no casamento, após o sim definitivo os casais não têm esse procedimento implantado. Imagine, apenas como descontração, como seria se a cada dois anos os casais pudessem abrir uma concorrência no mercado com os seguintes pré-requisitos para cotação de um novo companheiro ou companheira:

Para os homens:

Pré-requisitos

- Idade entre 28 e 38 anos;
- Formado, pós-graduado e "bem empregado";
- Casa própria (apartamento na praia gera "bônus");
- Comer e beber moderadamente, cozinhar constantemente e, claro, lavar a louça;

- Rostinho meio Brad Pitt, meio George Clooney. Corpo de ambos, ginga do Carlinhos de Jesus, voz do William Bonner, sensualidade do Richard Gere e, por que não, a carteira do Abílio Diniz;
- Romântico, paciente (olha a TPM). Imprescindível não roncar, futebol com amigos só uma vez por ano, adorar a sogra sobre todas as coisas, ficar junto da família da esposa e, acima de tudo, amar *shopping centers* e feiras de artesanato.

Para as mulheres:

Pré-requisitos

- Idade entre 25 e 35 anos;
- Formação: culinária, nutrição, massoterapia, incluindo massagens antiestresse;
- Desejável estar empregada em cargo de alto escalão (claro que o sogro rico neutraliza esta exigência);
- Comer e beber moderadamente, cozinhar e lavar louça e roupas constantemente, inclusive com ênfase para as roupas sujas de futebol (grande prova de amor);
- Corpinho da Ana Hickmann, voz da Carolina Ferraz, ginga da Anita, sensualidade da Paola Oliveira, carteira da Atina Onassis;
- Imprescindível não questionar o marido, em hipótese nenhuma, nem controlar os seus horários de chegada (mesmo às sextas-feiras);
- Disponibilidade e desenvoltura para o sexo;
- Amar a sogra sobre todas as coisas;
- Nunca discutir a posse do controle remoto. Tenho a impressão que isso causaria um tremendo rebuliço!

Seguindo com a metáfora, quando comparamos as duas situações, o casamento e relação comercial, o passar do tempo reserva para ambos os lados a grande oportunidade de fidelização. E sobre esse tema podemos fazer algumas considerações.

SER FIEL É SER DIGNO DE FÉ, SER LEAL, QUE NÃO FALHA, SEGURO

Muitos de nós, como consumidores, quando satisfeitos com produtos e serviços, nos tornamos fiéis a determinadas marcas. Veja os casos de usuários do iPhone, Harley Davidson, algumas marcas de roupas e bebidas, companhias aéreas, e tantos outros exemplos.

A contrapartida deve vir do fornecedor que, em retribuição a nossa preferência, desenvolve mecanismos de recompensas que, sob determinadas regras, vai gerar ao cliente uma série de benefícios progressivos, à medida que cada vez mais demonstramos a nossa fidelidade, com consumo. Hoje, essa é uma prática habitual de mercado, presente nos mais diversos setores, em forma de "milhagem".

Mas por que fidelizar?

Recordando a frase que já comentei: "Conquistar novos clientes custa entre 5 a 7 vezes mais do que manter a ampliar os negócios com clientes existentes" (Philip Kotler).

Então, será que precisamos de mais motivos para fidelizar nossos clientes?

Antes de tudo, é preciso entender que fidelizar é dar ao cliente condições especiais em preço, entendendo a questão custo-benefício, produtos (portfólio diferenciado) e serviços (entrega, assistência técnica, pós-venda), que o satisfaçam, tornando-o fiel, em longo prazo.

A fidelização tem como objetivo:

- Reter clientes, evitando que migrem para a concorrência;
- Aumentar o valor dos negócios.

Em negócios, fidelização é o mesmo que vantagens financeiras. No campo pessoal, fidelização significa vantagens emocionais.

Fidelidade se consegue em longo prazo, por meio de atitudes e ações que transmitam confiança. Isso é universal e vale para empresas em suas relações e, é claro, vale nos casamentos.

Emoção ou razão, ou tudo ao mesmo tempo?

A prática do autoconhecimento faz com que possamos equilibrar melhor as nossas emoções com a nossa razão.

Emoção e razão representam duas situações que competem entre si, em nosso dia a dia, no universo do atendimento. Ajustar a dose exata de ambas nas diversas situações que enfrentamos em nossa rotina é o grande desafio.

Quando falamos em negociação e em organização como ferramentas imprescindíveis para prestar um bom atendimento, devemos ter em mente que mesmo etapas como essas, que têm em seu núcleo muito treinamento, persistência e, por que não dizer, razão, a certa altura do campeonato, em um momento de embate, o fator emocional acaba sendo um diferencial para que os processos se efetivem.

Não basta ter domínio técnico, dados concretos com base em pesquisas, estudos, se não soubermos o momento exato de ouvir mais, falar menos, entender a linguagem do outro lado tanto no campo verbal como corporal. Precisamos, com muita sensibilidade, captar e estabelecer limites no negócio em discussão, como na relação entre as partes, de forma que, ao fechar as questões, ambos os lados saiam não com o sentimento de vitória, mas, sim, com a certeza de um consenso, com benefícios compartilhados.

Portanto, emoção e razão são duas importantes características para as quais os grandes líderes devem estar atentos, usando-as de forma adequada, na medida exata da necessidade de ambas em cada momento. Esse é o caminho para auferir ótimos resultados em suas negociações diárias.

Conscientizar o profissional de que ele está acomodado

Ajudar o profissional a perceber e decidir que está na hora de mudar para melhorar.

O objetivo deste livro é gerar, de uma forma plena, melhoria no atendimento, cada um dos pontos abordados forma uma sequência de etapas que, espero, cada leitor possa conhecer melhor, entender e, óbvio, usar de forma prática para propiciar um melhor atendimento que, no fundo, vai nos trazer mais oportunidades pessoais e profissionais.

Quando cito, como metáfora, uma estratégia pronominal, ampliando conhecimento do eu, aprimorando questões ligadas ao autoconhecimento, não só sob o ponto de vista espiritual, também físico com o cuidado com o corpo, fechando com uma gestão de carreira, estamos na verdade querendo provocar uma reflexão que desperte o desejo de mudança.

Para conhecer o nós, devemos ampliar nosso entendimento sobre nossos produtos, serviços, mercados, colaboradores, assim como a gestão sobre eles, nossos clientes e concorrentes.

Além de provocar a mudança de comportamento, devemos pensar em avaliar a nossa estratégia, incluir nela o aprimoramento, a capacitação para negociarmos melhor.

Além disso, uma palavra-chave chamada organização será, no fundo, a mola mestra que, com base em rotinas devidamente controladas e medidas, nos dará um valor efetivo de conversão que passará a nos dar base comparativa de nossa evolução.

DEFINIR QUAL É O PONTO DE PARTIDA, ONDE VOCÊ ESTÁ E PARA ONDE VAI

O ponto de partida é o hoje, o seu desempenho nas questões tangíveis, volume de negócios, carteira, percentual de participação no mercado e intangíveis, principalmente o valor dos relacionamentos, esses serão fundamentais quando aspectos técnicos e comerciais estiveram alinhados à expectativa do cliente.

Costumo dizer: "É preferível que o cliente tenha o desejo de comprar e não possa (por qualquer que seja o motivo) do que o contrário, ele poder comprar e não querer."

SE VIRA! VOCÊ NÃO É QUADRADO!

    Se existe o desejo de compra, portas permanecerão abertas, para que outros prerrequisitos como preço, inovação, tecnologia, logística possam ser ajustados em um futuro breve.
    A pergunta que deve ser feita quando adotamos a estratégia do "se vira" é:
    Conseguimos evoluir em conhecimento, entendimento sobre o cliente, provocando melhor atendimento? Isso ocorrendo, não tenha dúvida de que o desejo de compra se juntará ao poder de compra e daí surgirão as melhores relações e oportunidades a serem compartilhadas. Então vamos lá, se vira, você não é quadrado, conheça, entenda, atenda melhor!

SÉRGIO DAMIÃO

APRENDER A GOSTAR DO QUE FAZ

22

Fazendo uma reflexão comercial, entendi que duas experiências em particular me foram muito úteis e de um grande aprendizado. A primeira experiência de trabalhar na feira foi o meu melhor treinamento para o entendimento de relacionamento, empatia, interação e abordagem. Trabalhei numa banca de bananas, ao lado de, no mínimo, mais dez concorrentes que disputavam as atenções dos consumidores. Sorriso, olhar, memória e proatividade é o que diferenciava cada um dos "bananeiros", dizer o nome da cliente (personalização/relacionamento), registrar a sua preferência (CRM), promover com dúzias de 14 (ofertas/promoção) são técnicas desses mestres de vendas, que até hoje me auxiliam.

Nos períodos de datas festivas, mães, namorados, crianças e natal, eu ingressava "*freela*" no quadro de vendedores de um bazar de bairro e uma lembrança, em particular, me fez rever um ponto importante sobre atendimento. Em determinado período, a minha especialidade passou a ser vender, em quantidade, um tal carrinho de bombeiros. Eu sempre admirei os "soldados do fogo", adorava o brinquedo, sabia dele cada detalhe, a ponto de encantar mães e crianças que vinham à loja com a minha explicação. O uso da escada retrátil, o tanque de água que era acionado por um esguicho, os pneus largos, a luz de alerta sobre a cabine. Hoje, entendo que todo profissional comercial, apaixonado pelo seu trabalho, conhecedor de seu produto, convencido de que tem esses diferenciais em relação à concorrência, tem toda condição de convencer os seus clientes a adquiri-lo.

Guardo essas duas passagens como lições que até hoje fazem parte do que entendo como bom atendimento, conhecer o produto, entender claramente o que o cliente deseja, atendê-lo de forma incomparável, conectar-se emocionalmente, resultado, venda efetuada com sucesso!

Cabe salientar que as pessoas nascem com algum tipo de aptidão direcionada, jovens, muitas vezes, têm o desejo de serem médicos, músicos ou outras profissões e, desde cedo, focam em trilhar esse caminho. Essa paixão será fundamental para o êxito profissional. De outra forma, muitos jovens vão descobrindo ao longo do caminho as suas aptidões e nessa busca acabam testando outras atividades, até terem o discernimento da escolha. É importante em qualquer circunstância, seja qual for a atividade que estejamos envolvidos, que a façamos com toda dedicação, buscando eficiência, independentemente de ser aquela que nos fascina, que nos realiza, fazer bem-feito é um dever de todo profissional do mercado, essa excelência, em execução, com certeza, se reverterá em benefícios que podem, num segundo momento, ajudar na escolha definitiva de sua atividade.

Em outras palavras, fazer bem-feito está muito além da questão do gostar do que faz ou fazer o que gosta. Veja o exemplo deste texto de 1899:

Mensagem a Garcia (título original em inglês, A Message to Garcia), é um ensaio escrito por Elbert Hubbard e que se transformou em dois filmes. Foi inicialmente publicado como um enxerto sem título para a edição da revista Philistine de março de 1899, que ele editava, mas logo foi reeditada como um panfleto e um livro. A obra tornou-se muito popular, foi traduzida em 37 línguas e se tornou uma bem conhecida alusão na cultura popular e comercial americana e europeia até a metade do século XX.

Embora Hubbard tenha afirmado "eis um homem cuja forma deveria ser imortalizada em bronze e a sua estátua erguida em todos os colégios da Terra", a intenção real do ensaio nada tinha a ver com o heroísmo do personagem. Ao contrário, constituía-se em uma pesada admoestação ao trabalhador, para obedecer à autoridade, cumprir a sua missão, devotar-se ao trabalho acima de qualquer outra coisa. Por essa razão, empresas e indústrias em toda a parte mandaram imprimir cópias do texto, distribuindo-as aos seus funcionários, tornando-o um sucesso mundial instantâneo. Hubbard ganhou mais de 250 mil dólares em *royalties*.

O ensaio relata a história de "um camarada de nome Rowan" que, heroicamente, contra todas as adversidades, entregou uma mensagem do presidente estadunidense, McKinley, ao general Calixto Garcia Íñiguez, líder das forças rebeldes cubanas durante a Guerra Hispano-Americana. O personagem foi inspirado na biografia do tenente Andrew Summers Rowan, que combateu naquele conflito...

Durante a guerra entre os Estados Unidos e a Espanha, o Presidente MacKinley necessitava se comunicar urgentemente com Garcia, que era o chefe dos insurretos, e procurou um homem que pudesse levar-lhe uma mensagem. Rowan foi recomendado para essa missão. Recebeu a carta do Presidente e, sem questionar quem era Garcia ou onde poderia estar, entregava, em menos de quatro semanas depois, a carta ao destinatário, tendo atravessado o mar das Caraíbas e cruzado o sertão hostil da ilha de Cuba. A mensagem continua em seu texto:

> Eis aí um homem cujo busto merecia ser fundido em bronze e sua estátua colocada em cada escola do país. Não é de sabedoria livresca que a juventude precisa, nem de instrução sobre isto ou aquilo. Precisa, sim, de um endurecimento das vértebras, para poder mostrar-se altivo no exercício de um cargo, para atuar com diligência, para dar conta do recado, para, em suma, levar uma mensagem a Garcia. A nenhum homem que tenha se empenhado em levar avante uma empresa, em que a ajuda de muitos se torne precisa, têm sido poupados momentos de verdadeiro desespero ante a imbecilidade de grande número de homens, ante a inabilidade ou falta de disposição de concentrar a mente

SE VIRA! VOCÊ NÃO É QUADRADO!

numa determinada causa e fazê-la. E esta incapacidade de atuar independentemente, esta inépcia moral, esta invalidez da vontade, esta atrofia de disposição de solicitamente se pôr em campo e agir são as coisas que recuam para um futuro tão remoto o advento do socialismo puro. Se os homens não tomarem a iniciativa de agir em seu próprio proveito, que farão quando o resultado do seu esforço redundar em benefício de todos? Por enquanto parece que os homens ainda precisam ser feitorados. O que mantém muito empregado no seu posto e o faz trabalhar é o medo de, se não o fizer, ser despedido no fim do mês. Todas as minhas simpatias pertencem ao homem que trabalha conscienciosamente, quer o patrão esteja, quer não. É o homem que, ao lhe ser confiada uma carta para Garcia, tranquilamente toma a missiva, sem fazer perguntas idiotas e sem a intenção oculta de jogá-la na primeira sarjeta que encontrar, ou praticar qualquer outro feito que não seja o de entregá-la ao destinatário; esse homem nunca fica encostado, a civilização busca ansiosa, insistentemente, homens nestas condições. Tudo que um tal homem pedir se lhe há de conceder. Precisa-se dele em cada cidade, em cada vila, em cada lugarejo, em cada escritório, em cada oficina, em cada loja, fábrica ou venda. O grito do mundo inteiro praticamente se resume nisso: precisa-se e precisa-se com urgência de um homem capaz de levar uma mensagem a Garcia.

Quantos de nós não constata, em nosso dia a dia, a necessidade da presença desse elemento dentro de nossa equipe e o quanto isso é preponderante para a evolução do atendimento?

Mais do que sair da acomodação, ter iniciativa, não medir esforços para fazer um trabalho bem-feito, o profissional moderno é aquele que não necessariamente precisa atravessar um *front* de batalha. Muitas vezes, basta apenas entregar uma tarefa perfeita à próxima etapa do processo, responder com agilidade aos questionamentos do dia a dia, se dedicar com esmero à execução da sua parte da tarefa, não se importando apenas com a sua função ou obrigação.

    Entendendo que, assim como num exército, não existem apenas cabos, sargentos, o efetivo é composto de vários níveis de responsabilidade, hierarquia, cada uma delas tem claro as suas atribuições, mas a maior é deixar o outro lado satisfeito, superando a sua expectativa, colaborando para que o todo ganhe acima da questão individual e que, no final, o nosso grande comandante, o nosso cliente esteja plenamente satisfeito.

Pontos importantes para o profissional de vendas

Então, se vira, você não é quadrado. Além de ser capaz de levar várias mensagens a Garcia, o profissional moderno, na minha opinião, deve estar atento e exercitar cinco pontos importantes:

- Boa alimentação significa boa saúde! Alimente-se do que lhe faz bem;
- Alimentar o nosso intelecto é imprescindível, livros, cursos, treinamentos, palestras;
- Olho no mercado e na concorrência. Um olho no gato, outro no peixe; isto significa eterna vigilância;
- Devemos falar as diversas línguas de dentro da nossa empresa e também a do cliente. Seja um poliglota corporativo;
- Boa forma física para acompanhar o ritmo do mercado. Saúde é o que interessa.

Imagine-se tentando fazer vários movimentos com o corpo ao mesmo tempo, com os diferentes membros, você teria certa dificuldade, não? Mas, apesar de difícil, sabe que se treinar não seria

SE VIRA! VOCÊ NÃO É QUADRADO!

impossível, certo? Então, os bons hábitos são assim, apenas precisam de prática e entrar na rotina para que você continue a tê-los.

Momento de descontração, vamos brincar com estes cinco pontos e verificar se cada um de nós consegue, simultaneamente, fazê-los?

1) Boa alimentação: mão direita circulando sobre a barriga, sentido horário.
2) Alimentar o nosso intelecto: mão esquerda circulando sobre a cabeça subindo sentido anti-horário.
3) Olho no mercado e na concorrência: olho esquerdo piscando.
4) Falar as várias línguas da empresa e do mercado: língua exposta, em movimento da esquerda para a direita.
5) Boa forma física: levantar a perna direita.

Ao praticar individual ou coletivamente esse exercício, além de fixar a mensagem, com certeza isso vai permitir dar boas risadas e, claro, você vai perceber que é difícil, mas não impossível.

Decifrando o mercado, praticando a adequação do produto ao uso

Existe um aspecto investigativo para quem trabalha com atendimento, citei há pouco a necessidade de nos tornar "poliglotas corporativos", em outras palavras, aprendermos a falar os vários idiomas, dos diversos setores dentro e fora da empresa. Isso nos ajudará, com certeza, a decifrar os enigmas do mercado, informações cruzadas entre esses setores que nos farão enxergar de forma mais precisa as necessidades de cada setor, o reflexo deles sobre o produto ou serviço e, finalmente, a nossa ação estratégica sobre o processo.

Essa estratégia deve levar em conta um fator preponderante em qualquer relação de compra e venda de produtos ou serviços: a adequação ao uso, e essa só entenderemos conforme soubermos traduzir o desejo de nosso cliente X e os benefícios que oferecemos.

Devemos ter claro em nossa mente que "menos é mais para alguns e mais é menos para outros", existe dentro da necessidade de cada consumidor aspectos financeiros, exigências, qualidades culturais, de gêneros mercadológicos que serão o nosso filtro de visibilidade para a prospecção de negócios, exemplos:

- O mercado de veículos parte de faixas de preço com base em especificações e acessórios que atingem as várias necessidades do mercado, não necessariamente um modelo básico, "completo menos tudo" será adquirido por quem tem perfil e condições de adquirir um modelo top e, no entanto, os dois sobrevivem, pois, cada modelo encontra sempre o consumidor que busca uma oferta adequada à sua condição financeira, ao uso que fará do veículo.

• Eu corto o meu cabelo há 28 anos com o mesmo cabeleireiro, a diferença de preço dele para outro chega, por vezes, à metade, no entanto, pela confiança, amizade e certeza de que o corte atende à minha expectativa, eu não troco. Nada me impede de ter um plano B, com um custo inferior, mesmo em uma emergência, a prioridade será sempre de quem eu confio. Mulheres têm com suas cabeleireiras e manicures a mesma relação.

• Médicos, dentistas, psicólogos, massagistas atuam da mesma forma, então o que faz um profissional cobrar X e outro ½ X? Adequação do paciente ao seu perfil de consumo, com base em sua condição financeira, e também a valorização de cada produto ou serviço.

• Lojas de roupas atuam em nichos de mercado que estão muito além de oferecerem o tamanho P, M ou G (se bem que existem entre esses os PPs e os GGs, XGs);

• Empresas cosméticas têm em seu portfólio produtos para cabelo, pele, perfumaria que atendem a demandas de diversos grupos de consumidores, jovens, maduros, afrodescendentes, brancos, orientais, a partir daí entramos no poder aquisitivo, tendências regionais e mais um sem número de dados fundamentais para entender qual adequação ao uso de cada produto X consumidor.

No mundo corporativo, em relações B2B, as questões são as mesmas, o nosso trabalho enquanto setor comercial é buscar informações, dados que nos ajudem a elucidar o perfil de cada cliente e, principalmente, se o nosso produto/serviço estaria adequado ao seu. Isso feito, poupa-se tempo precioso, pois, ao conhecer melhor o nosso cliente, teremos uma noção exata se o que oferecemos estaria adequado às necessidades operacionais de sua empresa. Nesse momento, entra em cena a nossa habilidade maior, que deve ser exercitada, o direito universal de perguntar, além disso, com o grande número de informações disponíveis virtualmente sobre mercado, podemos considerar um diferencial dos profissionais de mercado, saber pesquisar, analisar e concluir qual cliente se adéqua ao uso do que eles oferecem.

Vem à minha memória o caso de um concorrente gráfico ligado ao grupo de transportes que, há muitos anos, resolveu ampliar a equipe comercial e trouxe um grande vendedor de pneus para oferecer embalagens. Ele tinha como hábito ir a determinadas regiões industriais e entrar empresa por empresa oferecendo pneus; com embalagem seria diferente? Qual não foi a surpresa quando o comprador de nossa empresa deu de cara com esse elemento na recepção, pois ele sequer sabia quem eram os seus concorrentes, vindo nos oferecer os seus préstimos. Claro que agradecemos a oferta e, ironicamente, respondemos:

— Obrigado, nós fabricamos as nossas próprias embalagens. Sugiro que você ofereça para clientes e não para os seus concorrentes.

Colabora com esse raciocínio conhecer, além do cliente, o concorrente que o atende, pois a máxima bíblica diz: "Diga-me com que andas, e eu te direi que és!"

No fundo, retrata uma realidade que nos ajuda a conhecer, entender e, claro, atender melhor.

UMA CONQUISTA A CADA DIA

Vocês observam que, muitas vezes, ao iniciar um novo dia, projeto ou tarefa, cada um de nós está em um estado emocional. Determinados acontecimentos, positivos ou negativos, desde uma noite mal dormida, podem provocar reações distintas em cada pessoa.

A grande virtude dos melhores profissionais é, sem dúvida, o controle emocional, o equilíbrio, a calma e, claro, manter a chama do entusiasmo sempre acesa, principalmente na área comercial.

Participei de um seminário muito interessante, chamado *insight*. Durante o curso, antes de iniciarmos o dia, cada um de nós dava uma nota de zero a dez, pontuando o seu estado em relação ao desenrolar do evento, nível de satisfação. Ao final, quando todos se autopontuavam, o mediador repetia para que todos registrassem:

— Os únicos e totais responsáveis pela nossa nota, mudança de comportamento, estado de espírito e motivação somos nós.

Nós podemos, com uma atitude positiva, proativa, melhorar a nossa expectativa em relação à nossa vida, nos dedicarmos com mais afinco aos nossos projetos e nos tornar propagadores dessa energia realizadora, pensem nisso.

SE VIRA! VOCÊ NÃO É QUADRADO!

Veja a ilustração a seguir, o Termômetro do Se Vira tem como objetivo brincar de forma lúdica com o nosso estado de espírito, frente às diversas situações que enfrentamos em nosso dia a dia.

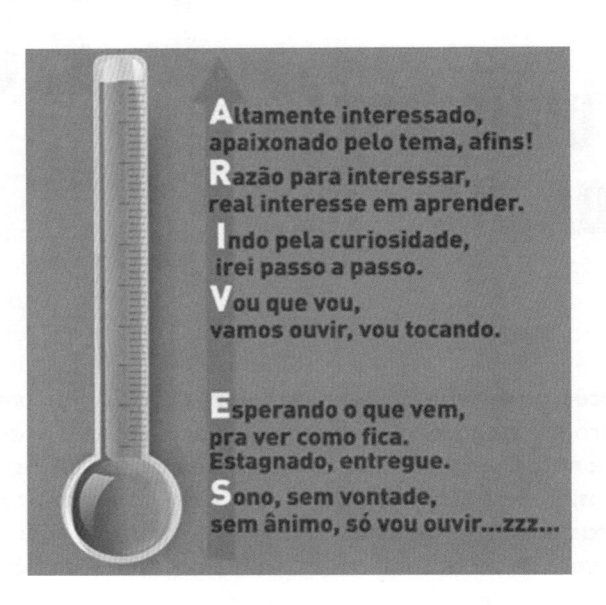

Altamente interessado, apaixonado pelo tema, afins!
Razão para interessar, real interesse em aprender.
Indo pela curiosidade, irei passo a passo.
Vou que vou, vamos ouvir, vou tocando.

Esperando o que vem, pra ver como fica. Estagnado, entregue.
Sono, sem vontade, sem ânimo, só vou ouvir...zzz...

Ninguém, nenhum livro, nenhum curso, nenhum palestrante, nenhum Deus vai tocá-lo, motivá-lo, se você, dentro de si, não der o pontapé inicial, portanto, a grande diferença entre os que estão na letra S, Sonolentos, desanimados, e os que estão na letra A, Altamente interessados, está na atitude, postura, no desejo de encarar o dia, suas tarefas, seus desafios de forma positiva, buscando sempre superar a expectativa de quem está do outro lado, desempenhando o seu papel, seja ele qual for, de forma digna, dedicada, fazendo cada minuto valer a pena, retribuindo as boas energias, contaminando os ambientes, pense nisso e então...

Se vira, você não é quadrado. O segredo? Querer estar bem para enfrentar todo e qualquer desafio dignamente.

UMA CONQUISTA DIÁRIA FAZ MILAGRES

Levamos muito tempo de nossa vida focados em conquistas. É natural do ser humano buscar essa evolução, estamos de passagem justamente para isso, não?

Dentro da nova rotina do mundo moderno, em que somos submetidos a uma carga de informação pesada, acabamos nos tornando escravos de nossos próprios desejos, na contramão do prazer da conquista, nos deparamos com o estresse da incessante busca, da falta de tempo para nós, nossos filhos, amigos, para o que de fato nos dá prazer.

O caminho de volta, sem dúvida, passa por um encontro conosco, na redefinição de nossas prioridades, na busca por melhoria da gestão pessoal, na valorização dos pequenos, mas grandiosos, milagres que podemos atingir em nosso dia, desde reencontrarmos os nossos próximos que o contexto deixou distantes, também, na condução de uma rotina que priorize estar bem, no verdadeiro sentido da palavra, conosco, com a família, com a comunidade e, por que não, em nosso ambiente de trabalho, que é extensão de nossa vida pessoal.

Afirmo categoricamente: cada um de nós pode, desde que treine, tenha foco e persista – levar uma vida com mais harmonia. Esse é o nosso desafio, e as conquistas dessa independência emocional diária serão apenas o primeiro dos milagres. Some a esse propagar o bom humor, arrancar sorrisos gratuitos por onde passar, gerar um ambiente mais gentil, facilitando a convivência, levar o conforto de boas palavras para quem precisa, de alguma forma ser portador, propagador de esperança, e nem por isso você se tornará um monge. Será, na realidade, um ser humano que conseguirá, dentro de sua atribulada rotina diária, unir aspectos importantes entre o pessoal e o profissional, conduzindo as diversas questões com equilíbrio e maturidade.

Fazer tudo!

Definitivamente não somos mais o país do futebol, perdemos o encanto com as pernas, o talento, a criatividade, a imprevisibilidade dos atletas do passado, perdemos espaço para a disciplina, força física, estratégia de marcação, entre outros adjetivos. Alemães, italianos, franceses, holandeses, nos últimos anos, provaram ser melhores dentro do campo jogando e fora dele gerindo.

Para a nossa alegria, descobrimos as mãos e, com elas, o esporte em que, sem dúvida, somos os melhores do mundo. Pelas mãos e métodos de dois técnicos, o Brasil está há muito tempo no olimpo do voleibol.

José Roberto Guimarães

José Roberto Guimarães Quintana, nascido em 31 de julho de 1954, ou simplesmente Zé Roberto, é ex-jogador de vôlei e atual técnico da Seleção Brasileira de Voleibol Feminino. Considerado legendário pela Federação Internacional de Voleibol, é o único técnico no mundo campeão olímpico com seleções de ambos os sexos: a seleção masculina em Barcelona, 1992, e a seleção feminina em Pequim,

2008, e Londres 2012. Único tricampeão olímpico do esporte brasileiro, ele também é formado em educação física.

Começou a atuar como treinador em 1988. Dirigiu inúmeros times nacionais e um italiano. Comandou a Seleção Brasileira de Voleibol Masculino, de 1992 a 1996, e conquistou a medalha de ouro nas Olimpíadas de 1992, em Barcelona. Foi treinador do clube Banespa, de 1996 a 1997.

Na temporada 2002/2003, foi eleito o melhor técnico pela Confederação Brasileira de Voleibol (CBV) e em 2008 foi eleito o melhor técnico de esportes coletivos. Atualmente, é treinador da Seleção Brasileira de Voleibol Feminino, e conquistou a medalha de ouro olímpica nas Olimpíadas de 2008 e 2012.

BERNARDINHO

Bernardo Rocha de Rezende, conhecido como Bernardinho (Rio de Janeiro, 25 de agosto de 1959) é um ex-jogador de voleibol brasileiro. Como treinador, é o maior campeão da história do voleibol, acumulando mais de 30 títulos importantes em 22 anos de carreira, dirigindo as seleções brasileiras feminina e masculina. Desde 2001, é o técnico da seleção brasileira de voleibol masculino. Como treinador, conquistou incríveis seis medalhas olímpicas consecutivas: Atlanta 1996, Sydney, 2000, em ambas ocasiões obteve o bronze pela seleção feminina. Em Atenas, 2004, sagrou-se campeão pela seleção masculina. E, além disso, ainda tem duas medalhas de prata, a primeira em Pequim, 2008, e a segunda em Londres, 2012, e conquistou novamente o ouro na Rio 2016. (Fonte: Wikipédia)

Dois treinadores com estilos pessoais diferentes, mas com métodos semelhantes, que incluem disciplina, abnegação e foco.

Meu amigo Fabio Mestriner, certa vez, sentado ao lado do Zé Roberto durante um voo, perguntou a ele:

— O que você faz para ser um campeão triolímpico mundial, atuar com equipes masculinas e femininas, e ter uns cem números de títulos? Qual é o segredo?

Ele, serenamente, respondeu:
— Eu faço tudo!
— E o que é tudo, Zé?
— Treino exaustivamente fundamentos de defesa, ataque, contra-ataque. Saques, recepção, levantamento, toques sob as mais diversas condições e variáveis. Estudo atentamente o potencial, especialidade de cada atleta, procuro explorar o que há de melhor em cada um e adequar para cada etapa do jogo. Observo atentamente cada adversário, o perfil de cada atleta de ataque, defesa, as fragilidades que devem ser exploradas durante a partida. Mantenho a moral da equipe em alta, sob qualquer circunstância, perdendo ou ganhando, protegendo a equipe da excessiva euforia, ou ao contrário, da baixa emocional. Quando faço tudo, normalmente, ganhamos o jogo, e quando não, o trabalho é descobrir onde aquele "tudo" não foi executado com perfeição.

E sobre Bernardinho, tive a oportunidade de assistir a uma palestra sua. A sua energia contagiante vem de uma crença voraz em disciplina, treinamento e foco. Uma frase resume, para mim, a sua liderança:

> Bernardinho é o divisor de águas num país que precisa aprender a importância da cooperação, da solidariedade e do trabalho em equipe. Diga que os seus jogadores são baixos e Bernardinho os farão saltar mais alto. Diga que são fracos no bloqueio e ele irá torná-los os melhores do mundo.
> João Pedro Paes Leme

Falando em atendimento, apesar das diferenças de temperamento entre os dois treinadores, não tenho dúvida de que o "fazer tudo" cabe bem em ambos os métodos. Deixo, a seguir, três perguntas para as equipes que trabalhei, liderei e compartilhei uma série de projetos:

1-Estamos fazendo tudo por nossos projetos, clientes, negócios?
2-Fazemos de tudo para conhecer, entender e atender bem?
3- O que é fazer tudo?

SE VIRA! VOCÊ NÃO É QUADRADO!

A resposta está em nossas mãos, em nossas ações na direção de atingir um objetivo. Se não foi atingido, não foi feito tudo, vamos checar cada ponto?

Vamos lá, se vira, você não é quadrado, é capaz de fazer tudo pelo seu cliente!

SÉRGIO DAMIÃO

A MAGIA NO ATENDIMENTO FAZENDO A DIFERENÇA

27

Como falar sobre excelência em atendimento sem pensar no fenômeno Walt Disney? Prestes a finalizar este livro, surgiu uma oportunidade para conhecer esse universo, com a condução de grandes especialistas no tema: Alexandre Slivnik (http://www.slivnik.com.br/), que gentilmente fez a introdução do " Se Vira" e Branca Barão (http://www.brancabarao.com.br/site/). Ambos escritores e palestrantes que levam grupos de brasileiros para Orlando, para uma imersão em temas como: estratégia da magia e excelência no atendimento.

Dessa forma, essas questões são discutidas, detalhadas, bastidores da Disney são visitados, tarefas práticas são feitas nos parques Disney e Universal, de forma lúdica e eficiente. Além disso, no programa que participei, houve apresentação de uma palestra de um executivo da Apple, Gary Corner, VP da Universal, o brasileiro Marcos Barros, e a presença de convidados como o presidente da Unimed Fortalez, escritor e palestrante, Elias Leite.

Eles muito agregaram ao entendimento dessa cultura que prima pela busca incessante da eficiência máxima em atendimento, superação de expectativa e formas de se conectar emocionalmente com os clientes, e não poderia, em se tratando do tema do livro, de deixar de incluir este capítulo especial e dividir com vocês, leitores.

SE VIRA! VOCÊ NÃO É QUADRADO!

Curiosidades sobre a corporação Disney

• A Disney foi fundada em 16 de outubro de 1923, por Walt Elias Disney e Roy Oliver Disney, com o nome de Disney Brothers Cartoon Studios, e estabeleceu-se como pioneira na indústria de animação, até diversificar os seus produtos para filmes em live-action, redes de televisão e parques temáticos. A companhia também operou sob o nome Walt Disney Studios e Walt Disney Productions. A empresa leva seu nome atual desde 1986, época em que expandiu suas produções para o teatro, rádio, música, publicidade e mídia online. A Disney também criou novas divisões corporativas com o objetivo de comercializar conteúdo para adultos, como a Touchstone Pictures, visto que sua marca principal, Disney, está associada a filmes para todos os públicos, como chamado no meio cinematográfico, uma empresa "*family friendly*".
• A empresa é mais conhecida pelos seus estúdios de cinema, o Walt Disney Studios, que é hoje um dos maiores e mais conhecidos estúdios de Hollywood. A Disney também tem a propriedade e opera a rede de televisão ABC; redes de televisão por assinatura, como Disney Channel, ESPN, A+E Networks e Freeform; divisões de publicidade, de merchandising e de teatro. A companhia possui e licencia 14 parques temáticos ao redor do mundo, além de uma divisão musical de sucesso. As suas maiores aquisições foram a ABC em 1996, por 19 bilhões de dólares, a Pixar em 2006, por sete bilhões de dólares, a Marvel Entertainment Inc., em 2009, por quatro bilhões de dólares, a Lucasfilm, em 2012, pelo mesmo valor da Marvel, e a 21st Century Fox, em 2017, por 71 bilhões de dólares.
• A Disney faz parte do Dow Jones Industrial Average, desde 6 de maio de 1991. Uma criação antiga e bastante conhecida dos desenhos animados da empresa, o Mickey Mouse é o símbolo principal da The Walt Disney Company. (Fonte: Wikipédia)
• O negócio Disney gerou mais de U$ 50 bilhões de receita em 2017, 15% de resultado operacional, valor de mercado de U$ 150 bilhões, 33% de receita vem dos parques e 40% das produções.

• The Walt Disney World Resort: fundado em 1971, em Orlando, tem quatro parques temáticos, dois parques aquáticos, 35 hotéis com aproximadamente 28 mil quartos e mais de dois mil restaurantes. Ocupa uma área de duas vezes o tamanho da ilha de Manhattan.
• Tem 170 mil *cast members* (membros do elenco em uma tradução literal, ou funcionários) no mundo, 70 mil só em Orlando, onde, em um dia de alta estação, chega a receber 200 mil pessoas. (Fonte: Wikipédia)

BREVÍSSIMO HISTÓRICO: WALT ELIAS DISNEY

• Nascido em 1901, em Chicago, até os 23 anos quebrou três empresas e foi demitido duas vezes por falta de criatividade!
• Quando criança, vendeu um desenho para uma vizinha por U$ 0,25 e a mãe perguntou se ele havia feito o seu melhor, ele disse que não, e ela o orientou a fazer outro e dar de graça.
• O seu pai era obcecado por detalhes, rigoroso e sistemático. Os dois irmãos trabalhavam com ele na entrega de jornais, os orientava para não jogar e, sim, colocá-lo nas portas, na mesma posição, todos os dias.
• O primeiro personagem, coelho Osvald, foi vendido para a Universal, fez grande sucesso, e WD não ganhou direitos autorais.
• O nome do Mickey seria Mortiner Mouse, mas a sua esposa fez ele mudar para Mickey Mouse!
• Em 1930 ele criou a Branca de Neve e projetou um filme com desenho animado, que foi lançado em 1937 e ganhou um Oscar. A academia, em homenagem, fez uma estatueta grande e sete pequenas. Antes de iniciar o filme, ele contou a história a sua equipe de criação, que se encantou e se apaixonou pelo projeto. Não seria esse o motivo do sucesso?
• Em 1955, criou o primeiro parque na Califórnia, o lançamento foi um caos, falsificaram ingressos, veio mais gente que o previsto, a obra não estava pronta, a empresa contratada para atender

visitantes não o agradou. De imediato, fechou o parque por três meses, criou a universidade corporativa, para treinar os funcionários, para ter controle sobre todo o atendimento, estratégia que perdura até hoje, lojas de outras marcas, que funcionam nos parques, são todos funcionários Disney.
• Lançou o projeto Disney Flórida, em 1966, mas morreu antes. O seu irmão, em homenagem, em um discurso emocionado ao lado do Mickey, mudou o nome para Walt Disney World.
• O local em que WD tinha o quarto, sobre a área de bombeiros, permanece até hoje com luz acesa, indicando a sua presença.
• Com o falecimento de Roy Disney, em 1971, a família contratou executivos que tinham o mesmo perfil dos criadores, que lembravam os personagens Tico e Teco, um todo organizado, e o outro sonhador, como eram os dois irmãos.
• Não existe mais nenhum familiar Disney na gestão, o último grande acionista foi Steve Jobs que, por ser dono da Pixar, tinha 7% de ações, e quando faleceu, esse valor foi negociado.

Conhecer a história de Walt Disney e seus bastidores é simplesmente estar dentro da maior referência em atendimento do mundo.

Mais do que talentoso, visionário, artista, designer, cineasta e tantas outras habilidades, WD era uma pessoa focada, obstinada em prestar o melhor atendimento e, para isso, nunca mediu esforços, arrojo e criatividade.

Esta sua frase fala por si só: "Um dia aprendi que sonhos existem para tornar-se realidade. E, desde aquele dia, já não durmo para descansar. Simplesmente durmo para sonhar".

Contam que um dia, WD, no primeiro parque da Califórnia, ao cruzar com um *cast member* (assim são chamados os funcionários da Disney) vestido de *cowboy*, circulando na área da Terra do Nunca, teve um *insight* sobre como manter a magia de cada área do parque, evitando a circulação de personagens e demais CM junto com os convidados. Para isso, na construção do Parque na Flórida, na área do Magic Kindow, idealizou e executou os chamados *"utilitors"*, que são túneis abaixo do nível de todas as atrações, interligados, que somam um total 2.400 metros, por onde circulam: personagens, responsáveis pela limpeza, pelos quiosques de alimentos, souvenires, operadores das atrações, além de toda estrutura de cozinha, manutenção, recolhimento do lixo feito por um sistema de ar comprimido, até mesmo trânsito de valores recebidos em dinheiro. O interessante é que esses túneis foram construídos, aterrados, aguardou-se o período de acomodação da estrutura mais de um ano, iniciando-se após a construção do que hoje é a área térrea do parque.

PROPÓSITOS DE WALT DISNEY

> "Eu apenas espero que nunca nos esqueçamos de uma coisa, tudo começou com um rato."
> Walt Disney

> "As pessoas não compram o que você faz, mas, sim, porque você faz."
> Walt Disney

É importante registrar e entender o tema, o propósito de WD sobre a Disneylândia, definido e realinhado com o passar dos anos: criar felicidade por meio de um parque para todas as idades, fazer as pessoas e, especialmente, as crianças felizes.

1955 – Nós iremos criar felicidade;
1971 – Nós criamos felicidade proporcionando o melhor entretenimento familiar;
1990 – Nós criamos felicidade proporcionando o melhor em entretenimento para pessoas de todas as idades;
2011 – Nós criamos felicidade.

Quando se fala em criar felicidade, o maior valor de WD foi ter a sua cultura e o seu propósito disseminados em toda a sua organização, incorporados por seus líderes, repetidos e passados para cada *cast member*, sobrevivendo, mesmo com a sua morte e de seu irmão Roy, como a marca Disney, padrão de excelência, referência em atendimento para todos os segmentos e negócios.

São muitos e preciosos detalhes que envolvem a estrutura de atendimento Disney, além disso, convém salientar o esforço incansável de todos. O foco em entregar ao cliente, de forma mágica, uma experiência única, que supere a sua expectativa, que fidelize, conecte emocionalmente com o local. É esse particular e admirável que a cultura Disney trouxe de lição para todo o mundo corporativo.

Imaginem que há quase 70 anos, com todo talento como desenhista, cineasta, escritor, que já encantava o mundo com seus filmes e personagens, WD foi um visionário que pensou em cada detalhe para montar uma estrutura nos parques voltada para criar magia, encantar cada visitante, explorando com maestria os cinco sentidos: visão com cenários surpreendentes; audição com uma trilha sonora personalizada para cada atração e momento; olfato com diversos cheiros e sabores sugestivos no ar; paladar com muitas opções para escolha e o tato; e o poder tocar e sentir, com o coração.

CHAVES DE SEGURANÇA/PRINCÍPIOS NORTEADORES

Essa cultura fortemente divulgada em todos os níveis, tendo em sua essência a dedicação e o exemplo incansáveis dos líderes, trazia no seu núcleo a paixão e orgulho de cada funcionário em fazer parte da organização, em contribuir para que cada criança, cada convidado se sinta e esteja, em primeiro lugar, seguro.

Que sejam tratados 100% do tempo, por todos, em todas as áreas de forma cortês, hospitaleira, afinal eles são o foco dessa busca por excelência; que sintam em cada contato com os *cast members*. A cada visita a uma atração, a cada momento dentro dos parques, que toda estrutura está preparada para dar *show*, para fazê-los sonhar, serem plenamente felizes, tudo funcionando com maestria, isso é eficiência, e essas são as quatro chaves do atendimento Disney, em ordem hierárquica: segurança, cortesia, *show* e eficiência.

Essa cultura da empresa, disseminada em todos os níveis, gera um padrão de comportamento desejado, que leva ao resultado, isso diferencia empresas em todo e qualquer ramo de negócio. Pensem num cenário em que 90% das ações dependem dos *cast members*, o valor que tem o trabalho de RH, da seleção, contratação e treinamento.

Da equipe de gestão na divulgação, implementação, monitoramento e manutenção de procedimentos, para que cada CM atenda desde o Look Disney à aproximação agradável aos convidados, até ações que primam pelo padrão Disney de atendimento aos visitantes.

Só para dar uma referência, eles têm uma pessoa do RH para cada 30 colaboradores, quando o padrão mundial é uma em 100, com um detalhe, esses permanecem 80% do tempo no campo e 20% no escritório, para que a cultura nunca perca a sua força, uma decisão do próprio WD, de não permitir a construção de um prédio administrativo dentro dos parques, para que essa interação fosse obrigatória.

São aproximadamente 2.400 pessoas de RH em campo, num efetivo de 70.000 *cast members*, junto com líderes, treinadores distribuídos e atuantes em todas as áreas, fazendo valer os três pilares Disney, trabalho em equipe, liderança e comunicação, uma ferramenta que vale para qualquer organização que queira manter viva a sua cultura, o seu propósito.

E como manter e divulgar essa cultura em todos os níveis para esse enorme efetivo de pessoas? Quatro passos fundamentais que servem, com certeza, para qualquer tipo de organização e negócio:

1) Clareza: comportamento esperado;
2) Reforçando clareza com comunicação: repetição gera padrão;
3) Exagerando na clareza;
4) Chegar a uma equipe coesa com base na força da liderança exemplar.

Essa disciplina de comunicação se sustenta com líderes exemplos, colaboradores engajados, que geram clientes satisfeitos e resultados extraordinários atingidos.

Conexão

Para termos uma ideia, pontos de contato são preestabelecidos para que ocorra a conexão entre os convidados e os CM (em média 60 conexões por convidado), pois além da questão cortesia no atendimento, esses contatos também são fonte de pesquisa de hábitos, preferências, reclamações.

Exemplo: placas com informações sobre toaletes existem, mas em número inferior à necessidade, o que obriga que o visitante faça contato com o CM e estabeleça conexão. Nesse momento, por meio de um procedimento inteligente, o visitante que está vindo pela primeira vez ou está celebrando aniversário ou alguma data especial, será identificado por um *bottom* (que é entregue após a entrada) que fará o CM interagir com felicitações, promovendo um *"magical moment"*, oferecendo um agrado, um *voucher* especial para uma determinada atração, um sorvete, uma pipoca, refrigerante, um local especial para assistir a uma parada, ou algo muito raro e especial, como uma noite no Castelo da Cinderela. Cada um deles tem autonomia para promover esse momento especial dentro da estratégia de criar felicidade para os convidados.

Detalhe do zelo Disney ao indicar um local ou direção, os CM sempre utilizarão os dedos indicador e médio juntos (apontamento Disney), pois, em algumas culturas, apenas o indicador pode ser um sinal agressivo.

Ouvimos uma história interessante que demonstra o cuidado com criança/convidado: uma CM responsável pela limpeza (importante frisar que todos os CM são responsáveis pela limpeza) passou, sem querer, o seu carrinho sobre um ursinho de uma criança, que entrou em prantos. De imediato, ela o recolheu e pediu à criança que a acompanhasse até a enfermaria. Lá, entregaram o ursinho para uma atendente que, em alguns minutos, retornou com um novo, com a patinha enfaixada e disse a criança que até o final do dia ela teria que cuidar dele e retirar a faixa, que já estaria curado.

Em algumas atrações existe um limite de segurança, mínimo de altura para crianças, por isso, por vezes, algumas se frustram ao serem medidas e não poderem brincar. Nesses momentos, os CM responsáveis pela atração têm como ação a entrega de um cartão especial, que indica que assim que a criança atingir a altura, ela poderá pegar uma fila especial e terá prioridade para acesso.

Uma lista enorme de detalhes são pesquisados e implementados para promover experiências aos convidados, tais como:

- Cestos de lixo (cujos resíduos são recolhidos por ar comprimido no subterrâneo, por meio dos *utilitors*) estão posicionados a cada oito metros, distância calculada levando em conta o tempo médio de descarte de cada convidado, o que mantêm os parques com uma limpeza impecável.
- Os pisos de cada área do parque têm um desenho específico, as pessoas caminhando sentirão a diferença nos pés e nas mãos, ao passarem de uma área para outra;
- As portas dos quartos nos hotéis têm duas alturas de olho mágico, para adultos e crianças, é comum que, ao retornarem para os seus quartos, os convidados encontrem em suas camas, personagens de pelúcia, acompanhados de bombons desejando um bom descanso;
- Um convidado não corre o risco de perder o seu veículo no estacionamento, pois um sistema desenvolvido que monitora o horário de chegada o encaminha exatamente à área correspondente, evitando qualquer tipo de estresse que interfira em sua experiência.

Uma tradição nos parques são os Pins, com os mais variados temas, que são distribuídos ou vendidos. Os convidados os penduram em seus porta-crachás e podem, em caso de terem algum repetido, ou até porque queiram trocar, se dirigir a qualquer CM e propor a troca, o que será gentilmente aceito.

E as coisas não param por aí, porque a filosofia para superar expectativa e encantar clientes em um complexo destinado à diversão é

SE VIRA! VOCÊ NÃO É QUADRADO!

constante, com magia em cada área, cada atração, meninas podem passar momentos como princesas nos castelos, aniversários podem ser comemorados com a presença de personagens, casamentos são realizados em áreas específicas, as atrações têm um "quê" de criatividade, inovação, tecnologia de ponta para surpreender todos convidados plenamente, um investimento alto, mas que se reverte em um fantástico dado, 70% dos clientes já visitaram os parques e 90% dos hóspedes já se hospedaram antes, uma estratégia que fideliza e gera o retorno do convidado.

ESTRUTURA DE BASTIDORES

Para suportar essa estratégia de atendimento ao cliente, temos nos bastidores o chamado *backstage*, uma gigante e eficiente estrutura paralela.

No tocante a vestuário, uma área com aproximadamente 70 mil trajes para cada CM, controlada por código de barras, permite saber localização, data de retirada e há quanto tempo está em uso.

Uma área de 20 mil metros quadrados abriga a maior lavanderia do mundo, onde trabalham duas mil pessoas para atenderem a 35 hotéis, com aproximadamente 28 mil quartos e mais de dois mil restaurantes do complexo de Orlando, e só para relembrar, em alta temporada são em torno de 200 mil pessoas por dia.

Falando em estrutura, existe o vice-presidente de fantasias, que acompanha todo o processo de criação e adequação para cada atração e, principalmente, *shows*. *Designers* acompanham detalhes como cor, efeito, tecido. Dentro dessa área de criação há uma grande oficina de costura, materiais como cristais Swarovski, plumas, penas são componentes desses trajes. São consumidos aproximadamente 80 mil metros de tecido por ano, alguns tipos de bordados levam até 250 horas de trabalho.

No Costume Service Center, a chamada área do *can do people* (nós podemos fazer), profissionais de engenharia, mecânica, tecnologia, os chamados "imagineiros" (mistura das palavras imaginação e engenheiros) trabalham dando suporte na criação, manutenção preventiva e corretiva, nos brinquedos, nos animatrônicos (réplicas de animais que se movimentam), veículos, trens, personagens. Atentos a todos os mínimos detalhes, cores, identificação visual, para que mesmo o visitante que retorna depois de um tempo não veja diferença, quantas vezes usar a atração.

Importante observar que, além dessa estrutura de bastidores, que visa manter uma total eficiência, para segurança dos convidados, os CM são treinados e seguem regras de higiene, comportamento, aparência que compõem o *look* Disney de aproximação, em pontos estratégicos dos bastidores, máquinas *self service* oferecem desde meias, desodorantes, analgésicos, escova dental, aparelhos de barbear etc., para que, em qualquer circunstância, eles possam se preparar para dar show para os convidados dentro do padrão de excelência.

Além disso, em todo e qualquer momento, os CM estão preparados para praticar a chamada escuta ativa, que obedece a quatro passos:

1) Escutar com propósito;
2) Escutar para entender;
3) Escutar com foco nas diferentes opiniões (SABER);
4) Foco no cliente, na reclamação.

Para entender a real necessidade do cliente, e após isso, utilizam um método próprio para resolução. O roteiro *last*, em que cada letra significa uma ação a ser tomada para ajudar o convidado.

1) *Listen* (ouça)
2) *Apologize* (desculpe-se)
3) *Solve* (resolva);
4) *Thank* (agradeça).

Esses métodos e procedimentos visam, acima de tudo, a busca incansável da total e plena eficiência, que contribui para a melhor experiência do convidado e, claro, para o resultado da corporação.

Experiência, na verdade, é a palavra de ordem, quando se fala em atendimento, essa contribuirá de forma fundamental para que, no caso Disney, o convidado atinja plenamente o seu objetivo de férias, levando consigo uma experiência emocional inesquecível, marcante e que, com certeza, o fará elogiar, compartilhar e, sem dúvida, retornar para repetir um momento único.

EMPRESAS QUE PRATICAM A MAGIA DO ATENDIMENTO

Como disse no início deste capítulo, a grandeza de Walt Disney, a sua contribuição para o mundo, criando felicidade para quem visita qualquer um de seus parques é indescritível. Atrevi-me a tentar deixar um pequeno *insight* e divido com vocês uma lista do Alexandre Slivnik, uma autoridade no tema, com dicas de livros àqueles que queiram se aprofundar nesta linda e edificante história:

CIRQUE DU SOLEIL. *A reinvenção do espetáculo*. Campus.
COCKERELL, Lee. *Criando magia*. Editora Sextante.
CONNELLAN, Tom. *Nos bastidores da Disney*. Editora Futura.
CUNNINGHAM, Jim. *As incríveis chaves wow*. Novo Século.
DISNEY INSTITUTE. *O jeito Disney de encantar os clientes*. Saraiva.
GABLER, Neil. *O triunfo da imaginação americana*. Editora Novo Século.
KIM W. Chan e MAUBORGNE, Renée. *A estratégia do oceano azul*. Elsevier.
KINNI, Theodore. *Be our guest*. Disney Institute.
LIP, Doug. *Academia Disney*. Editora Saraiva.
MICHELLI, Joseph A. *A experiência Zappos*. Bookman.
NADER, Ginha. *A magia do império Disney*. Editora Senac.
PINE and GILMORE. *The experience economy*. Harvard Business Review.
SLIVNIK, Alexandre. *O poder da atitude*. Editora Gente.
_____. *O poder de ser você*. Editora Gente.

Assim como é referência para o mundo corporativo, no quesito atendimento, a Disney junta-se a um número limitado de empresas no mundo, que prezam pela excelência dos produtos e serviços que oferecem um lado mágico para cada convidado, cliente, consumidor.

A palavra experiência também define o momento atual entre fornecedores e consumidores, pelos quatro cantos do mundo, do menor ao maior, o que prevalece é, sim, a experiência que determinado produto ou serviço provoca em quem o utiliza e, quanto mais emocional, mágico e personalizado, maior a chance de fidelização.

O PROPÓSITO QUE FAZ A DIFERENÇA

Citei no início algumas empresas *top ten* do *ranking* do IBRC no Brasil, e cada uma delas tem uma particularidade na forma de promover contato com o cliente. A fonte dessas ações é, sem dúvida, a pesquisa que foi e é o grande diferencial Disney que, com o seu sucesso, fortaleceu a necessidade de cada empresa largar suas percepções e buscar cada vez mais entender o cliente, modernizar o seu propósito e, acima de tudo, simplificar a sua gestão, melhorar a comunicação, ter clareza e, a partir daí, colher melhores resultados.

Um outro exemplo é a cultura Apple, disseminada por Steve Jobs, que pregava três pontos fundamentais:

Simplicidade não é simples, todo detalhe é importante, e buscar a criatividade em cada esquina.

Vamos combinar que a Apple não só mudou o conceito com os seus aparelhos, como revolucionou a estética e fez surgir novos produtos que foram inseridos na rotina do mundo, e hoje são indispensáveis em nosso dia a dia.

Do pioneirismo do Macintosh à inovação do iPod, que revolucionou a mercado da música, à evolução do *smartphone*, que significou o iPhone, à polivalência do iPad, até chegar hoje ao Apple Watch,

SE VIRA! VOCÊ NÃO É QUADRADO!

um relógio digital que serve até para ver horas, temos uma noção de como a Apple mudou o mundo.

Por trás de cada produto Apple, cada atração ou parque Disney, e tantos outros bons exemplos, eu ficaria horas citando líderes que revolucionaram o mercado com a sua postura. Todos, sem dúvida, tiveram e têm em comum um propósito em relação ao mundo, que não necessariamente focava em retorno financeiro. Antes disso, estava sempre a paixão, desejo, inspiração, obsessão, tenacidade, insistência em buscar o novo, sempre em consonância com as mudanças do mundo.

Walt Disney criou um conceito com personagens, filmes, parques e, acima de tudo, com o poder de fazer com que pessoas embarcassem juntos em seu projeto de "criar felicidade". Ao invés de inserir as pessoas em seu conceito, fez o contrário e faz até hoje, insere a Disney em cada Cast Member e criou, sem dúvida, a maior e melhor referência de atendimento, exemplo para todo e qualquer segmento que queira buscar via atendimento, experiência, magia melhores resultados.

Steve Jobs pregava que toda empresa deve ter senso de propósito, o valor central de poder mudar e melhorar o mundo com a sua atuação, o lucro será consequência. Desde o início, os dois sócios, Steve Jobs e Steve Wozniak fundaram a empresa com esse objetivo; Tim Cok, atual CEO, mantém essa missão e agrega:"Trabalhamos para deixar o mundo melhor do que o encontramos."

Propósito claramente explicado passa a ser o código genético da empresa. Pessoas vão se orientar por isso, a organização se torna um ser vivo de crenças, humanizando as pessoas, dando significado às suas vidas pessoal e profissional, a partir daí entregaremos valores maiores para os clientes. Com certeza, aí reside o grande segredo da magia do atendimento.

Essa definição do atual CEO da Disney é ótima para a reflexão de gestores de empresas: "Não é magia, é o método que sustenta a magia".

> A estratégia do sucesso é criar e sustentar uma forte
> cultura que mantenha os colaboradores engajados.
> George Kalogrids

SÉRGIO DAMIÃO

DEIXE O SOL BRILHAR

29

      mas das coisas que mais gosto de fazer é viajar, existe uma explicação para que nos sintamos tão bem quando viajamos. O nosso cérebro, acostumado com várias rotinas sobrepostas do dia a dia, se vê diante de uma sem número de novas situações, paisagens, locais, comidas, eventos. Essa é, na minha opinião, a grande recompensa para um ano de trabalho, dias de uma nova rotina a cada hora, que fazem eternizar em minha mente a frase: "Passa tudo nesta vida, menos a vontade de viajar."

Recebi sempre ótimas dicas de amigos, Davi Gueldini, em particular, me aprimorou na questão de planejar com antecedência viagens, o que já é uma grande diversão, pesquisar eventos, shows, jogos que ocorrerão no período e local em que estarei.

Isso me rendeu momentos incríveis e divertidos, desde encontrar Buddy Guy em seu bar em Chicago, assistir um show do Sting em Miami, jogos de basquete maravilhosos da NBA, festas de música em Paraty, Oktoberfest na aprazível Schongau, momentos únicos em Bonito (MS), uma imersão na música e história do Central Park, mais recentemente, um *tour* musical de Chiva em Cartagena, um concerto de Vivaldi em uma catedral do século 14 em Viena, momentos que, sem dúvida, ficarão marcados para sempre em meu coração.

SE VIRA! VOCÊ NÃO É QUADRADO!

    Falando em música, certa vez, por uma falha de planejamento de eventos, estando em Londres, tinha curiosidade em conhecer a casa de *shows* Royal Albert Haal, onde tantos ícones da música mundial se apresentaram. No caminho para o hotel, me deparei com uma van adesivada fazendo propaganda de um espetáculo que ocorreria naquela noite e que, duvido, poucos adivinhariam de imediato os artistas, muitos chutariam Paul McCartney, Rod Stewart, Adele, mas não, era a dupla sertaneja Jorge&Matheus. E lá fui eu. Conhecia pouco do repertório, mas acabei gostando da música, me divertindo, e mais, captei um refrão de uma das canções, que tenho usado para encerrar minhas apresentações, deixando uma mensagem muito bonita e inspiradora, que diz: a vida vai nos dar o chão para gente pisar, um tempo para viver, um sonho para sonhar. A vida vai nos dar o chão, se a gente quiser. Depende de você deixar o Sol brilhar!
    Em qualquer circunstância, por pior que sejam os momentos, dificuldades, desafios, a vida nos dará o chão e, no fundo, mesmo nos dias nublados, depende de cada um de nós deixar o nosso Sol interior, a nossa luz inspiradora brilhar.

Reinventar a roda todo dia

Não existe um método único que funcione sem alterações e revisões. O nosso dia a dia tem um passo a passo que precisa ser seguido, mas tem que haver no seu escopo a oportunidade de melhoria. Muitas vezes, não precisamos inventar uma nova roda, mas simplesmente fazê-la girar de forma mais rápida, precisa, eficiente.

Cada cliente é único

Assim como cada dia, cada cliente, cada processo dentro desse, tem um perfil único e, portanto, devemos conhecer, entender para prestar um atendimento personalizado, tal qual o desenhista de caricaturas, que capta detalhes da pessoa em apenas um olhar e os transfere para o papel.

SE VIRA! VOCÊ NÃO É QUADRADO!

Nos movimentando em torno do cliente, em cada um dos setores, entendendo a dinâmica do seu dia a dia, com certeza, vamos nos moldar a sua necessidade, criar um atendimento único, específico, que tem em sua receita um fluxograma com opções de sim ou não e as respectivas premissas para correção, execução, e proporcionar o melhor atendimento.

O valor de um profissional que "se vira" é justamente transitar nessa linha tênue com muita sutileza e habilidade, e acertar o diagnóstico para poder elaborar uma operação perfeita — para ele, para sua empresa e, principalmente, para o cliente.

Declaração universal do "se vira" 31

Chega um momento em que quero estabelecer com você, leitor, um compromisso. A missão deste livro é, realmente, contribuir para a melhoria do atendimento, não só no mundo dos negócios, mas também em nosso dia a dia, nas relações pessoais, usando, para isso, o conhecimento e entendimento como ferramentas.

Criei e divido com você uma divertida declaração que peço que leia frente a um espelho, assumindo um compromisso de iniciar um processo de mudança, de realização de metas, cumprimento de objetivos, não deixando que nenhum obstáculo o impeça. Mesmo diante da maior dificuldade, assuma o compromisso de fazer como eu: lembrar do que disse o saudoso "Seu Natanael" que, nos momentos mais difíceis, me desafiava com a frase:

> "Se vira! Você não é quadrado. Você consegue!".

Saiba que em tudo o que você se propuser a fazer, sempre haverá um caminho longo entre o início de um projeto e sua finalização. Mas, se você se dedicar de verdade à essa missão, fará sempre uma jornada cuja recompensa não tem preço!

Declaração Universal **SE VIRA!**

Baseado nos princípios filosóficos do nosso mantra:
"Se vira, você não é quadrado!"

Eu, _____, declaro a quem possa interessar que, a partir desta data, entendo que sou o único e total responsável por minha vida, meu entusiasmo, minhas ações, planos, reassumo totalmente o controle do meu planejamento pessoal, profissional e pessoal.

Comprometo-me em 1° Lugar comigo mesmo, a estabelecer um cronograma começo, meio e fim das minhas principais iniciativas, cumprindo datas, controlando a evolução de cada pendência, buscando finalizar o mesmo dentro do planejado, se necessário rever, readequar sem NUNCA, NUNCA, em hipótese nenhuma, deixar um tópico parado sem a definida justificativa.

E se, em algum momento, os obstáculos passarem a ser mais fortes do que minha disposição, olharei para dentro de mim, de forma clara, entusiasmada e firme, e direi para mim mesmo em alto e bom tom:

SE VIRA, VOCÊ NÃO É QUADRADO!

Uma jornada cuja recompensa não tem preço

32

Foi um caminho longo entre o início de um projeto e sua finalização.

Lá se vão dez anos e seis meses desde o primeiro manuscrito do "Se vira". Eu retornava de uma viagem de trabalho entre Goiás, Rio de Janeiro e São Paulo, e dava ali o primeiro passo para escrever este livro.

De lá para cá, muitas coisas mudaram, eu mudei, o mundo mudou, o mercado, o cenário, a economia, a política, uma revolução digital transformou, definitivamente, nossas vidas e hábitos.

Duas coisas permaneceram da mesma forma: primeiro, o meu forte desejo de finalizar este trabalho e compartilhar com os leitores. Segundo, a necessidade do mercado em receber um atendimento *premium*, que supere expectativas, que seja decisivo no âmbito dos negócios, e por que não dizer na nossa vida pessoal.

Tudo começou a tomar forma a partir de uma conversa inspiradora com o meu mentor, Roberto Shinyashiki, que abriu os meus olhos para uma realidade importante. Disse ele: "Não escreva um livro apenas por satisfação pessoal. Faça-o com o objetivo de ajudar pessoas, dividir conhecimento, com um conteúdo que agregue a cada leitor. Pense numa obra grande e dedique-se com afinco.

Daí em diante, foram longas horas de leitura, pesquisa, revisão, escrita, e mais leitura, pesquisa, revisão, escrita, trabalho, conversas edificantes, positivas, incentivadoras com este que virou meu amigo e a quem serei eternamente grato, Gilberto Cabeggi.

Soma-se a isso uma enorme contribuição de amigos profissionais de mercado, palestrantes, escritores que, com suas dicas e observações, contribuíram para que o objetivo fosse atingido. Minha gratidão eterna a cada um de vocês.

Ao fechar este parágrafo, me vem uma sensação de satisfação ao ver um trabalho concluído, mas também de ver um sonho de longa data finalizado. Não foi pouco, nem foi muito tempo, apenas o tempo de maturação necessário ao tema, que continua sempre em evolução, em função do dinamismo do mercado.

O meu desejo sincero é de que a minha tese contribua de forma divertida, didática, para reflexão, para ampliar conhecimento, gerar entendimento e propiciar um melhor atendimento.

Que todos os leitores, em cada uma de suas atividades e rotinas, consigam "se virar", pois ninguém é quadrado. Somos, sim, capazes de provocar grandes e positivas mudanças no mundo, nas relações de negócios e pessoais. Tudo isso depende sempre de nós, e para finalizar, dentro do *slogan* do livro, repita para si mesmo:

Eu me viro, não sou quadrado!

Um abraço fraterno, minha gratidão por você estar comigo nesta jornada!

Site: sergiodamiao.com.br
E-mail: sergiodamiao@sdlopes.com.br
Instagram: sergio_damiao_lopes
Facebook: Sérgio Damião Lopes
LinkedIn: linkedin.com/in/sergio-damiao-lopes-a121401a

REFERÊNCIAS

BARÃO, Branca. *8 ou 80 seu melhor amigo e seu pior inimigo moram aí dentro de você.* Editora DVS, 2012.
BROOKS, Ian. *Seu cliente pode pagar mais.* Editora Fundamento, 2005.
CABEGGI, Gilberto. *Antes tarde do que nunca.* Editora Gente, 2010.
CANUTO, Alessandra, CARVALHO, Adryanah e ISOLDI, Ana Luiza. *A culpa não é minha.* Literare Books, 2018.
CARNEGIE, Dale. *Como fazer amigos e influenciar pessoas.* Editora Nacional, 1989.
CIALDINI, Robert B. *O poder da persuasão.* Editora Campus, 2006.
COELHO, Tom. *Sete vidas.* Editora Saraiva, 2011.
CORTELLA, Mario Sergio. *Por que fazemos o que fazemos?* Editora Planeta, 2016.
_____. *Qual é a tua obra?* Editora Vozes, 2017.
CURY, Augusto. *A fascinante construção do eu.* Editora Academia, 2015.
DAL MASO, Cesar Buaes. *Pi44: um modelo de negócios para o desenvolvimento de pessoas no entretenimento.* Editora Scortecci, 2017.
DISNEY INSTITUTE. *O jeito Disney de encantar os clientes.* Editora Saraiva, 2011.
FILHO, Luiz A. Marins. *Socorro! Preciso de motivação.* Editora Harbra, 1995.
FRANCO, Max. *Storytelling e suas aplicações no mundo dos negócios.* Editora Atlas Grupo Gen, 2015.
GIACOBELLI, Márcio. *Relacionamento, influência e negócios.* Editora Gente, 2016.
GODRI, Daniel. *Conquistar e manter clientes.* Editora Eko, 1994.
HIRATA, Renato H. *Os segredos da proposta irresistível.* Editora Hirata, 2011.
KATZ, Lawrence C., RUBIN, Manning. *Mantenha o seu cérebro vivo.* Editora Sextante, 2000.
KAWASAKI, Guy. *Encantamento.* Editora Alta Books, 2011.
KOTLER, Philip. *Marketing 3.0.* Editora Elsevier, 2010.

SE VIRA! VOCÊ NÃO É QUADRADO!

KUSHNER, Malcolm. *Um toque de humor*. Editora Record,1998.
LACAVA, Alexandre. *7 Passos para ser um líder de vendas*. Editora Gente, 2017.
LEITE, Elias. *Líder de resultado*. Editora Gente, 2017.
MOGI, Ken. *Ikigai: os cinco passos para encontrar seu propósito de vida e ser mais feliz*. Editora Astral Cultural, 2018.
PRATHER, Hugh. *Não leve a vida tão a sério*. Editora Sextante, 2004.
REZENDE, Bernardo Rocha. *Transformando suor em ouro*. Editora Sextante, 2011.
RIBEIRO, Dr. Lair. *Comunicação global*. Editora Objetiva, 1992.
SHINYASHIKI, Roberto. *Louco por viver*. Editora Gente, 2013.
_____. *O segredo das apresentações poderosas*. Editora Gente, 2012.
_____. *Segredo dos campeões*. Editora Gente, 2007.
SIMON, Simone. *Faça ser fácil: negocie e obtenha resultados extraordinários na vida, na carreira e nos negócios*. Editora Gente – 2016.
SLIVNIK, Alexandre. *O poder da atitude*. Editora Gente, 2016.
SMITH, Hyrum W. *O que mais importa: o poder de viver seus valores*, 2001.